Chakren-Energie-Meditation

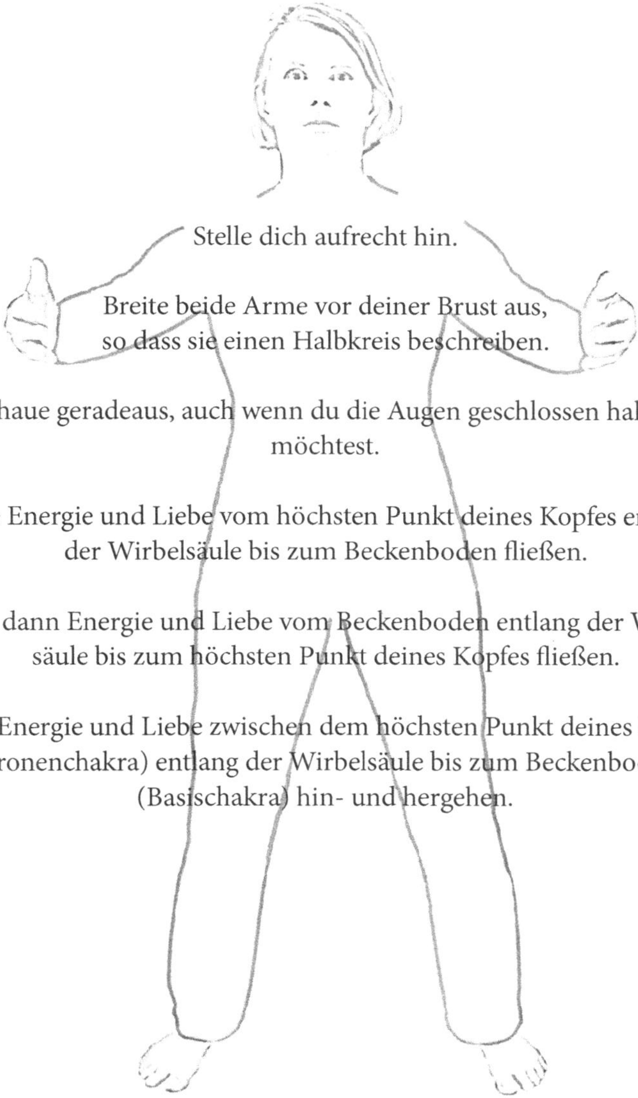

Stelle dich aufrecht hin.

Breite beide Arme vor deiner Brust aus,
so dass sie einen Halbkreis beschreiben.

Schaue geradeaus, auch wenn du die Augen geschlossen halten möchtest.

Lasse Energie und Liebe vom höchsten Punkt deines Kopfes entlang der Wirbelsäule bis zum Beckenboden fließen.

Lasse dann Energie und Liebe vom Beckenboden entlang der Wirbelsäule bis zum höchsten Punkt deines Kopfes fließen.

Lasse Energie und Liebe zwischen dem höchsten Punkt deines Kopfes (Kronenchakra) entlang der Wirbelsäule bis zum Beckenboden (Basischakra) hin- und hergehen.

Impressum

Teschler Verlag – Wilhelmshofalle 77 – 47800 Krefeld
E-Mail: info@teschler-verlag.de
Internet: https://teschler-verlag.de
+49 2151 9490009
Korrektorat: Thomas Dellenbusch, MeinKopfKino.de
Coverbild von: Benjavisa

Rechtliche Hinweise:

Die vorgestellten Übungen dürfen in ihrer Art nicht geändert werden.

Weder der Verlag noch die Autoren übernehmen eine Haftung für die Ergebnisse oder Folgen der Übungen, Behandlungen oder Anwendungen. Im Zweifelsfall müssen Diagnose und Therapie von dazu qualifizierten Fachpersonen durchgeführt werden.

Das goldene Chakrenbuch

Frauke & Wilfried Teschler

Wie du mit einfachen Visualisierungen und
Chakren-Energie-Übungen
Blockaden löst, Selbstheilungskräfte aktivierst
und zu mehr und mehr Bewusstsein kommst

Lasse allen Ballast hinter dir
und strahle wie die Sonne

Gaby, 49 Jahre alt:
»Ich habe vor 3 Monaten angefangen, jeden Tag Chakrenübungen zu machen. Es tut mir so gut! Ich verstehe mich immer besser, bin stabiler, widerstandsfähiger und nehme alles um mich herum bewusster wahr. Meine Kollegen sagen, ich sei merklich selbstbewusster geworden. Und ich fühle mich, als würde ich innerlich strahlen!«

David, 36 Jahre alt:
»Ich trug lange etwas Dunkles, Schweres mit mir herum. Um es zu überwinden, habe ich mit Yoga angefangen. Dann habe ich Tai Chi hinzugenommen und regelmäßig meditiert. Das war schon ganz gut, ich war entspannter und fühlte mich besser.
Dann stieß ich auf diese Chakrenübungen und war begeistert. Ich bekam einen direkten Zugang zu mir, konnte meine Muster verstehen – mir wurde endlich leichter.
Die Übungen haben mir Tag für Tag dabei geholfen, lange überholte, alte Blockierungen zu lösen.
Was soll ich sagen – die Übungen sind einfach GOLD!!«

Danke David, danke Gaby, dass ihr die Übungen so gut genutzt habt!
Eure Beschreibungen haben uns zu dem Namen: »Das Goldene Chakrenbuch« inspiriert.

Inhalt

Einleitung

Du möchtest mehr über Chakren wissen und eine Reise zu der Heilkraft und Klugheit deiner Lebensenergie beginnen? Das ist eine wunderbare Entscheidung, denn über die Auseinandersetzung mit den Chakren kannst Du viele Geheimnisse deines Lebens lüften und verstehen.

Mit Hilfe der Chakren lernst du, wie Körper, Psyche und Geist einander bedingen und wir diese Ebenen des Menschseins beeinflussen können; wie wir unser Bewusstsein entwickeln und zu einer immer besseren Wahrnehmung kommen; was uns Menschen einmalig macht, und wie wir die ureigenen, menschlichen Qualitäten ausbilden können; was es mit »männlicher« und »weiblicher« Energie auf sich hat; wie wir über die Körperenergie die Gesundheit und unser Wohlbefinden fördern. Das und vieles mehr erwartet dich auf dieser Reise.

Nach vielen Jahren der Chakrenarbeit können wir sagen: Die Chakren bieten einen einmaligen Ansatz zur Selbsthilfe bei körperlichen und psychischen Problemen, sie sind eine wunderbare Gesundheitsprophylaxe und geben wichtige Impulse in der Persönlichkeitsentwicklung.

Chakrenarbeit ist für jeden Menschen, der Probleme und Blockaden lösen will und zu sich selbst nach Hause kommen möchte, Gold wert!

Auch wenn Chakren vor allem in Zusammenhang mit östlichen spirituellen Traditionen ihre Beachtung finden, wird ihre Existenz auch in unserer Kultur mehr und mehr wahrgenommen. Viele körperlich/psychische Phänomene, wie der Kloß im Hals, das Brett vorm Kopf, die Schmetterlinge im Bauch oder der Stein im Magen, sind mit den Chakren verbunden, ohne dass man hierzulande den Zusammenhang herstellen könnte. Und wem ist nicht schon einmal ein Licht aufgegangen, ein Stein vom Herzen gefallen oder der Boden unter den Füßen weggebrochen? Ebenfalls Phänomene, die sich direkt auf den Zustand und die Wirkung eines Chakras beziehen, auch wenn diese Sicht in unserer Kultur noch nicht üblich ist.

Nicht nur im Bereich der Psychosomatik, des Zusammenspiels von Körper und Psyche, spielen die Chakren eine wichtige Rolle. Die Chakren bieten großartige Möglichkeiten zur Entwicklung der eigenen Lebens- und Menschenqualitäten durch Transformation und die Erhöhung ihrer energetischen Frequenz.

Früchte dieser Auseinandersetzung:

- Ein besserer Realitätssinn, eine bessere Körperwahrnehmung und die Fähigkeit, das eigene Leben und die Gesundheit erfolgreich zu gestalten – die Qualitäten des Basischakras.
- Mehr soziale Kompetenz, Sinn für ein partnerschaftliches Miteinander und eine erfüllte Sexualität – die Qualitäten des Sozial-/Sakralchakras.
- Eine wache Präsenz, starke persönliche Ausstrahlung und ein gesundes Durchsetzungsvermögen – die Qualitäten des Solar-Plexus-Chakras.
- Mehr Mitgefühl, innere Freiheit und bedingungslose Herzlichkeit – die Qualitäten des Herzchakras.
- Ein Zuwachs an Kreativität, eine tiefere Selbsterkenntnis, mehr kommunikatives Potenzial und persönliche Integrität – die Qualitäten des Halschakras.
- Eine Verbesserung der Denkfähigkeit, mentale Stärke, mehr Bewusstsein über sich und die Dinge des Lebens bekommen, sie besser werten und verstehen können, Zugang zum All-Eins-Sein – die Qualitäten des Kronenchakras.

Wenn wir ein Ziel für diese Auseinandersetzung formulieren sollten, ist es dies: Die volle Entfaltung des Selbstheilungspotenzials, uneingeschränkt bei sich sein, und das Eigene verwirklichen, Wachheit/Bewusstheit, ganz und gar im Leben und in der Welt aufgehoben sein.

Nicht mehr und nicht weniger.

Nutze die Möglichkeit, dich direkt mit diesen wichtigen Organen des menschlichen Energiekörpers zu befassen. Wir geben dir in diesem Ratgeber Anleitungen und die nötigen Hilfsmittel dafür.

Das findest du in diesem Buch:

1. Die Basics

- Der Bau der Chakren, ihre Lage und Funktion
- Die Bedeutung der Chakren für den Körper, für die Seele und den Geist
- Themen und Problemfelder, die mit Chakren verbunden sind
- Die Drehrichtung der Chakren und was sie für ihre Qualitäten bedeutet
- Störungen der Chakraenergie und deren Auswirkungen auf den Menschen

2. Die Praxis, Chakrenbewusstsein und Chakrenheilung

- Hierfür vermitteln wir dir mentale Strategien, mit deren Hilfe du dir über den Zustand und die Inhalte deiner Chakren bewusst wirst
- Chakrameditationen
- Chakravisualisationen
- Sieben Körperübungen zur Gesundung und Transformation der Chakren
- Griffsequenzen der Energiemassage speziell für die Behandlung der Chakren

3. Gedanken zur Entstehung der Chakren

Die hier vorgestellte Chakrenarbeit ist Teil der von Wilfried Teschler entwickelten Körperenergietechniken. Obwohl sie viele östliche Elemente beinhalten, stehen die Methoden ganz im Zeichen westlicher Heiltraditionen. Hier findest du eine Auseinandersetzung mit den Chakren, die sich in ihrem Denken, ihrer Begrifflichkeit, ihren Ansätzen an den westlichen Menschen wendet und in ihren Arbeitsweisen auf diesen abgestimmt ist.

Die vorgestellten Übungen sind Resultat einer jahrzehntelangen Erforschung der Körperenergie des Menschen und ihrer Gesetzmäßigkeiten.

Wir wünschen dir viel Spaß beim Lesen und viel Erfolg beim Üben!

Frauke und Wilfried Teschler
September 2021

Das ist ein Chakra

Chakren sind Energiezentren mit einem festen Platz im menschlichen Körper. Der Begriff Chakra stammt aus dem Sanskrit und bedeutet Rad, Diskus oder auch Kreis. Er weist auf die kreisrunde, sich drehende Form der Chakren hin.

In welcher Tradition die Chakren zuerst erwähnt, entdeckt oder entwickelt wurden, ist schwer zu sagen, denn Chakren werden seit Jahrtausenden sowohl in hinduistischen wie buddhistischen und tibetischen Schriften erwähnt. Sie spielen in vielen Yogapraktiken, in der chinesischen Medizin, in spirituellen Lehren und nicht zuletzt in der westlich geprägten Körpertherapie (wenn auch nicht immer unter dem Begriff Chakra) eine wichtige Rolle.

Die Existenz von Chakren ist in der Alternativmedizin und in vielen Schulen der Persönlichkeitsentwicklung unbestritten. Wir meinen, man kann sie mittlerweile in Ost und West zum allgemeinen menschlichen Wissen zählen.

Je nachdem mit welcher Tradition man sich befasst, variiert die Anzahl der beschriebenen Chakren. Es werden, neben den 7 Hauptchakren, kleinere Nebenchakren beschrieben, die teilweise im ganzen Körper verteilt sind. In unserer Chakraheilweise befassen wir uns mit den sieben Hauptchakren, da man über sie einen direkten Einfluss auf das gesamte Energiesystem Mensch nehmen kann. Arbeiten diese Chakren angemessen, d.h. der Situation und den Lebensbedingungen entsprechend, ist der Mensch in einem umfassenden Sinn gesund und gestaltet (wahrscheinlich) sein Leben nach konstruktiven und ethischen Werten.

Mit ein wenig Einfühlungsvermögen kann man von der Lage eines Chakras schon auf seine Funktion und die mit ihm verbundenen Themen schließen.

Wir betrachten die Chakren dabei von unten nach oben, das heißt vom Beckenboden bis zur höchsten Stelle des Kopfes. Diese Reihenfolge sollte bei der Arbeit an den Chakren eingehalten werden, da die Entwicklung der Chakren selbst und aller Themen, die mit ihnen verbunden sind, vom untersten Chakra, dem Basischakra, zum obersten Chakra, dem Kronenchakra, stattfindet.

Dieser Ablauf entspricht der Entwicklung eines Menschen.

Das Basischakra ist das sogenannte erste Chakra, es befindet sich auf dem Beckenboden zwischen Anus und den Genitalien. Es wird auch Wurzelchakra genannt. Das Basischakra versorgt das Becken, den Dickdarm und die Beine mit Energie.

Dabei ist der Ausdruck: »Das Chakra versorgt das Becken und die Beine mit Energie« eine einseitige Formulierung. Ebenfalls könnte man sagen, der Zustand des Chakra ist ein Spiegelbild der Energie der Beine und des Beckens. D. h.: Verändert man den Zustand des Beckens und der Beine, verändert sich auch der Zustand des Basischakra. Verändert man den Zustand des Basischakra, verändert man auf diesem Wege auch den energetischen Zustand des Beckens und der Beine. So verhält es sich mit allen Chakren und den Bereichen, mit denen sie verbunden sind, für die sie »zuständig« sind.

Das nächste Chakra, es ist das Sakralchakra, befindet sich in der Mitte des Unterbauches, etwa eine Handbreit unterhalb des Nabels. Es wird auch Sozialchakra genannt, es ist mit dem unteren Bauchraum, den Nieren, sowie den inneren und äußeren Geschlechtsorganen verbunden.

Das Solar-Plexus-Chakra liegt eine Handbreit über dem Nabel, zwischen den Rippenbögen. Es steht mit dem oberen Bauchraum, dem Magen, dem Dünndarm, der Leber, Milz und Pankreas (Bauchspeicheldrüse) in Verbindung.

Das Herzchakra liegt in der Mitte des Brustbeins. Es ist für den Brustkorb, das Herz und die Lunge zuständig.

Das Halschakra hat seinen Sitz in der Mitte des Halses. Es versorgt den Hals, den Nacken, den Stimmapparat und die Ohren.

Das Stirnchakra liegt in der Mitte der Stirn zwischen den Augen. Es versorgt die Augen und das Gehirn.

Und das Kronenchakra befindet sich auf dem Kopf, in der Mitte der Schädeldecke. Es steht energetisch mit dem Gehirn und dem gesamten Körper in Verbindung.

Alle östlichen und westlichen Lehren sind sich darin einig, dass die sieben Hauptchakren einem Energiekanal entspringen, der vom Steißbein bis zum

Schädeldach entlang der Wirbelsäule verläuft. In östlichen Traditionen wird die Energie, die durch diesen Energiekanal fließt, die Kundalini-Energie genannt. Das erste Chakra entspringt am unteren Ende des Energiekanals und öffnet sich zur Erde hin. Das siebte Chakra befindet sich am oberen Ende des Energiekanals, es öffnet sich nach oben zum Himmel. Die Chakren zwei bis sechs liegen zwischen diesen beiden, sie haben ihre Hauptöffnung auf der Körpervorderseite und öffnen sich nach vorn. Daneben wird auch eine kleinere Öffnung auf der Körperrückseite wahrgenommen.

Der Mensch mit seinen Chakren befindet sich zwischen Himmel und Erde.

Über diese sieben Chakren werden alle Körperfunktionen angesprochen und beeinflusst. Sie stehen sowohl mit Nervenzentren, als auch mit allen Organen und Körperbereichen in Verbindung. Im seelischen und geistigen Bereich werden von diesen sieben Hauptchakren die existenziellen Themen des Menschen berührt, sowohl diejenigen, die sein materielles/körperliches Sein betreffen als auch die Themen, die zur Entwicklung der Persönlichkeit und dem spirituellen/geistigen Dasein gehören.

Chakren und das Energiesystem Mensch

Der Begriff Chakra, der, wie oben erwähnt, Rad bedeutet, beschreibt ihre Beschaffenheit. Chakren sind energetische Räder, die sich drehen (oder auch nicht, je nachdem, ob sie blockiert sind oder nicht). Über diese Räder findet eine Aktivierung der Körperenergie im Inneren des Menschen sowie ein Energieaustausch zwischen dem Menschen und dem Außen, der Umwelt, der Umgebung statt.

Die Themen der Chakren sind folgerichtig immer Themen, die einerseits den Menschen in seiner Substanz, in seinem So-Sein und andererseits in der Kommunikation und im Zusammenhang mit seiner Umwelt betreffen.

Chakren sind sensible energetische Organe. Sie reagieren auf Einflüsse von innen und außen und verändern ihren Zustand gemäß der vorherrschenden Bedingungen. Es gibt nicht »den« richtigen und gesunden Zustand eines Chakras. Das, was »richtig« ist, wird durch die faktische Lebenssituation und den Bewusstheitszustand des Menschen bestimmt.

Geht man von der Form eines Chakras aus, könnte man meinen, ein Chakra sei immer dann gesund, wenn es kräftig und voll geöffnet ist. Zu Beginn der Auseinandersetzung mit den Chakren fühlt es sich auch so an, denn man findet die Chakren oft verschlossen, unbelebt und verdichtet vor. Dann sind die Entspannung und Öffnung wichtige Schritte, um die Qualitäten des Chakras zu entwickeln.

Gesund muss jedoch nicht immer geöffnet sein, denn es gibt Lebenssituationen, die etwas anderes verlangen. Zu einem gut funktionierenden Chakra gehört es daher, dass es flexibel reagieren kann. Es kann mal offen, aber in einer anderen Situation geschlossen sein oder eben so gut achtsam, was es in sich hineinlässt. Wichtig ist die Wachheit und das Spüren, welche Art des Umgangs die richtige ist.

Vergegenwärtigt man sich den individuellen Zustand eines Chakras, bietet das auch die Möglichkeit (so wie in anderen Therapiemethoden über den Puls, die Haut, die Augen Diagnosen erstellt werden), Aufschluss über die Gesundheit, die Funktion der mit einem Chakra verbundenen Organe und somit auch Krankheitsursachen zu bekommen.

Voraussetzung ist, dass man ein Chakra über seine Energie »lesen« kann, seinen Zustand erkennt und die Inhalte adäquat deutet. Dazu gehört viel Erfahrung. Betroffene selbst können Visualisierungstechniken dafür nutzen, um Probleme innerhalb eines Chakras herauszufinden und daraus Schlüsse über ihre Themen und Aufgaben zu ziehen. Danach können Sie unsere einfachen mentalen und körpertherapeutischen Übungen nutzen, um Einfluss auf Ihre Chakren zu nehmen und ein vorhandenes Ungleichgewicht zu beseitigen.

Mit den Übungen werden vorhandene Blockierungen gelöst, der Energiefluss des Chakras wieder hergestellt, Schwächen ausgeglichen und Bewusstsein für die mit dem Chakra verbundenen Themenbereiche geschaffen. Der Mensch erreicht eine positive Wirkung auf seine körperliche, seelische und mentale Situation, sein Wohlbefinden und die Gesundheit. Wie das genau im Einzelnen möglich ist, beschreiben wir hier.

Energie, Materie und Bewusstsein

Alles, was wir Materie nennen, ist Energie.

Dies ist in vielen Heiltraditionen schon lange eine Selbstverständlichkeit. Doch auch die moderne Atom- und Quantenphysik hat mittlerweile belegt, dass unsere Vorstellung davon, Materie bestehe aus festen Stoffen, die durch Atome gebildet werden, so nicht zu halten ist, denn in den Atomen gibt es kaum Festes, sondern vielmehr unendliche Leere mit ein paar Elektronen drumherum, aus denen alles scheinbar Feste entsteht.

Das gilt natürlich auch für unsere Körperlichkeit. Betrachten wir den Körper bis in die Tiefen der Materie, besteht das Feste der Biologie aus energetischen Strukturen, die durch die Art ihrer Verbindung das Gewebe, die Organe, die Knochen, Muskulatur, Nerven etc. bilden. Da unsere Grundsubstanz Energie ist, wird es umso verständlicher, wie wichtig alles Feinstoffliche für uns ist. In sogenannten spirituellen Traditionen kann man von den unterschiedlichen Energiekörpern des Menschen lesen. Das ist interessant, jedoch nur eine Möglichkeit, den Menschen zu betrachten. Wir schlagen eine andere Sichtweise vor.

Der Mensch an sich ist ein Energiekörper.

Eine Form der Energie, die Mensch ist/die wir sind, ist die menschliche Physis, der Körper, eine andere die Psyche, die Seele, wieder eine weitere der Geist, das Mentale.

Diese drei Formen oder besser drei Ebenen des Energiesystems Mensch gehen auseinander hervor, sie bedingen und schaffen sich gegenseitig und sind im Endeffekt eins. Der Umfang des menschlichen Energiesystems geht weit über die Grenzen des Körpers hinaus.

Gibt es Bewegung oder Veränderungen in einem Bereich der Energie, so wirkt es sich auf die anderen Bereiche aus. So ist es zu erklären, dass positive Gedanken erhellend auf die Psyche wirken und eine positiv gestimmte Psyche der Gesunderhaltung dient. Wollen wir ganz wohl und gesund sein, dann müssen wir uns um alle Ebenen unseres Daseins gleichermaßen bemühen, denn Störungen auf einer Ebene ziehen Störungen auf der anderen nach sich.

Der Mensch ist eine Einheit, und die Begriffe Körper, Psyche, Geist sind Begriffe, die auf die unterschiedlichen Funktions- und Daseinsebenen eines Menschen hinweisen und diese verstehbar machen.

Auf der Einheit von Körper, Seele und Geist im Energiesystem Mensch basieren viele Behandlungsformen, die energetische Prinzipien zu Grunde legen. Die Chakrenheilung ist eine von ihnen. Die Vorgehensweisen der Chakrenheilung sind wirksam, da sie Bewusstsein sowohl über den Zustand der Psyche, als auch des Körpers und des Geistes schaffen. Auf jede Ebene kann zugegriffen werden, jede Ebene kann verstanden werden und Irrtümer, Blockierungen, Mängel durch das Bewusstsein in Veränderung oder Lösung gebracht werden. So geschieht die Heilung.

Obwohl die Tatsache, dass Materie eine Form der Energie ist, erst im 20sten Jahrhundert wissenschaftlich nachgewiesen wurde, gibt es schon seit Jahrtausenden das medizinische und spirituelle Wissen und die Vorgehensweisen, die von Körperenergie sprechen und die Körperenergie in den Mittelpunkt von Heilungsmethoden und menschlichen Entwicklungswegen stellen. Sie tun es, indem sie die Hand auflegen, heilende Schwingungen mit Klängen erzeugen, mental Einfluss nehmen, Affirmationen nutzen, energetische Medizin wie die Homöopathie verabreichen und so die Selbstheilungskräfte aktivieren und den Organismus anregen, in eine natürliche Ordnung zu kommen.

In der chinesischen Medizin wird diese Energie Qi oder Chi genannt. Das indische Yoga kennt das Prana und bezeichnet damit Lebensenergie, die es nach ihrem Verständnis sowohl im Außen gibt als auch zirkulierend in unserem Körper. Bei der Unterscheidung zwischen Qi und Prana und Körperenergie handelt es sich um sprachliche, jedoch nicht um inhaltliche Unterschiede.

Diese energetischen Sichtweisen konnten sich entwickeln, weil Menschen aus Erfahrung »wussten«, dass es mehr gibt als den »groben Stoff« Materie und immer schon die Fähigkeiten hatten, Energien für sich zu nutzen, zu spüren und hinzuschauen, wie man effektiv heilen kann.

Chakren - die Energiezentren des Menschen

In dem Energiesystem Mensch gibt es Zentren, in und mit denen ein besonders intensiver Energieaustausch stattfindet. Diese Zentren sind die Chakren. Ihr Wirkungsbereich ist sowohl im Inneren des Menschen angesiedelt als auch zwischen dem Innen und dem Außen, dem einzelnen Menschen und seiner Umwelt.

Jedes Chakra trägt auf seine eigene Art und Weise zur Verteilung und Regulierung der Lebensenergie im Menschen bei und ist gleichzeitig eine Pforte, über die wir mit der Umwelt in Verbindung stehen. Die Chakren gewähren einen energetischen Austausch, sowie einen Fluss der Energie innerhalb des Menschen. Ist ein Chakra gesund, kann die Energie ungehindert strömen und sich verteilen. Dies fördert sowohl die Tätigkeit der Organe, die Spannung der Muskulatur, die Emotionen und Gedanken wie auch die Beziehung eines Menschen zu seiner Umwelt.

Auch die Ausstrahlung eines Menschen wird vom Zustand der Chakren beeinflusst. Denn – das weiß jede/r der/die sich bewusst mit seinen Empfindungen befasst – ein Mensch ist viel mehr als sein Körper! Die Ausstrahlung eines Menschen reicht weit über seine körperlichen Grenzen hinaus, sie kann einen Raum erhellen oder auch dafür sorgen, dass andere sich unwohl fühlen oder gar das Weite suchen.

Über die Auseinandersetzung mit den Chakren ändert sich der Energiekörper – einige nennen dies den Mental- und Astralkörper des Menschen. Wir bevorzugen die bei uns im Westen gebräuchliche Terminologie Ausstrahlung, denn sie wird den Gegebenheiten ebenso gerecht.

Ist der Energieaustausch der Chakren eingeschränkt, geschwächt, blockiert oder gar ganz zum Erliegen gekommen, hat dies natürlich Folgen für die menschliche Ausstrahlung und – was persönlich vielleicht erst einmal wichtiger ist – für die Gesundheit, das emotionale und das geistige Dasein.

Die heilende Kraft der Chakren

Die Auseinandersetzung mit den Chakren ist in vielerlei Hinsicht ein Gewinn. Fangen wir bei den gesundheitlichen Möglichkeiten an. Über die Regulierung der Körperenergie kann man:

- Körperliche Schwächen ausgleichen (der anfällige Magen, die chronischen Hautprobleme, ...),
- Krankheitsneigungen beseitigen (ich verletze mir immer die Sprunggelenke),
- und nachhaltige Gesundheitsvorsorge betreiben, indem man sein Energiesystem stark und ausgeglichen hält.

Die Arbeit mit den Chakren bietet zudem die Chance zur Entwicklung von essentiellen menschlichen Fähigkeiten wie:

- Stabilität in allen Lebenssituationen,
- soziale und partnerschaftliche Kompetenzen,
- Vitalität und Durchsetzungsfähigkeit,
- Herzlichkeit, Empathie, innere Freiheit
- Kreativität, Selbsterkenntnis
- Intelligenz und Wahrnehmungsfähigkeit

Die Chakrenarbeit bietet obendrein die Möglichkeit, sich seiner selbst und seines Seins ständig bewusster zu werden und schließlich Bewusstheit zu erlangen.

Um diesen Weg zu verdeutlichen, stellen wir im Folgenden die zentralen Themen der sieben Hauptchakren vor. Wir unterscheiden dabei grundsätzlich die Themen der ersten drei Chakren, die allesamt existenzielle Themen berühren, und die oberen vier Chakren, bei denen es um das menschliche Potenzial geht.

Möchte ein Mensch ganz Mensch werden und sich die Fähigkeiten aneignen, die damit einhergehen, findet er in den vier oberen Chakren alle Themen, die damit verbunden sind.

Wir halten es jedoch für unabdingbar notwendig, zuerst einmal die unteren drei Chakren zu stärken und zu entwickeln. Sie sind die Basis des Menschen. Sie sind auch die Basis für die Entwicklung der oberen vier Chakren. Ohne eine gesunde Basis kann der beste Überbau keine Wirkung und Vollkommenheit erlangen. Er wird zusammenbrechen, denn ihm fehlt es an Kraft und Beständigkeit. Es kann beispielsweise geschehen, dass ein Übender seine Kraft verliert, wenn er allein für die oberen Chakren Meditationstechniken praktiziert, weil sie interessanter erscheinen, und dabei die körperliche und emotionale Stabilität vergisst.

Die ersten drei Chakren - die Grundlage unserer Existenz

Das Basischakra

Das zentrale Thema des Basischakras ist die körperliche Existenz.

Das Basischakra öffnet sich zur Erde hin und stellt damit die Verbindung zu dem Boden unter unseren Füßen her.

Auf der körperlichen Ebene gehören in den Zuständigkeitsbereich des Basischakras: die Füße, die Beine, der Beckenboden, die Wirbelsäule, die Knochen und Zähne, der Dickdarm, der Mast- und Enddarm, die Blutbildung und der Zellaufbau.

Auf der seelischen Ebene gehen mit dem Basischakra die Themen: sich auf das Leben einlassen, sich versorgen/ernähren, die Erdung, die Standfestigkeit, der körperliche Willen zum Sein und das Urvertrauen einher.

Im geistigen Bereich ist die Akzeptanz der materiellen Welt und die Haltung zur Materie schlechthin angesprochen.

Aus diesen Themen ergibt sich die grundlegende Bedeutung des Basischakras für alle anderen Chakren. Ist in diesem Chakra eine Störung vorhanden, dann liegt eine grundlegende Störung im Verhältnis des Betroffenen zum Leben, zu seinem körperlichen Dasein oder zur Erde/Realität/zu den Fakten des Lebens vor. Im Extremfall kann man sagen: Der Mensch hat keinen Boden unter den Füßen. Ist das der Fall, ist das ein Hinweis auf eine Störung des Basischakras. Darauf kann sich keine gesunde Funktion eines nachfolgenden Chakras aufbauen.

Wir sind Körper, und all unsere Lebensäußerungen sind an unser körperliches Sein gebunden. Wir leben hier und jetzt (im Hier und Jetzt) auf der Erde, das stellt die Bedingungen für unser körperliches Sein.

Menschen mit einem gesunden Basischakra stehen voll im Leben. Sie sind handfest, realistisch und der Existenz auf Erden zugetan. Dies zeigt sich darin, dass sie in der Lage sind, die irdischen Probleme gut, adäquat oder bei Bedarf auch kreativ zu bewältigen.

Sie haben keine Probleme damit, sich die Dinge (Nahrung, Wohnung, Arbeit, finanzielle Mittel) zu beschaffen, die gut tun und zum Lebenserhalt dienen, die sie nähren, gesund erhalten und ihre Lebensqualität wahren. Sie achten ihren Körper ebenso wie die Natur und alles, was sie umgibt.

Störungen des Basischakras äußern sich als Ablehnung des Lebens, als Ablehnung der Materie/des Körpers, als Unfähigkeit, gut für sich selbst oder andere zu sorgen. Sie zeigen sich auch in einem fehlendem Realitätssinn, in einer grundsätzlichen Lebensangst oder in der Missachtung und Ausbeutung von Mensch und Natur.

Das Basischakra ist der Ausgangspunkt für den gesamten energetischen Zustands eines Menschen. Diese Aussage macht deutlich, wie grundlegend dieses Chakra ist. Können wir über das Basischakra nicht genug Lebensenergie entwickeln, steht für alle anderen Chakren auch weniger bereit.

Ein Beispiel aus der Chakrenarbeit:

»Als ich das Basischakra das erste Mal visualisierte, sah es klein und dunkel aus, es hatte ein paar rote Sprenkel drauf. Ich blieb an dem Bild des Chakras dran und setzte mich weiter mit ihm auseinander. Mit der Zeit veränderte und entspannte es sich, einfach dadurch, dass ich den Zustand annehmen und ihn mit Hilfe der Visualisierungsübung ausleben konnte.

Am Ende dieses Prozesses sah mein Basischakra wie eine rote Rose aus, die entspannt und sensibel war. Die Übung wirkte sich unmittelbar auf meinen Beckenboden und meine Beine aus. Ich stehe jetzt fest auf dem Boden, fühle mich geerdet und sicher. Ich habe das Gefühl, dem Leben gewachsen zu sein. Für mich ist das ein großer Gewinn.«
Mara 26 Jahre alt

Das Sakral-/Sozialchakra

Das große Thema des Sakralchakras ist das soziale Dasein, das soziale Miteinander.

Hier ist das Zentrum der sozialen Kompetenz und der sozialen Kraft eines Menschen. Vom Zustand dieses Chakras werden das Sozialverhalten, die Fähigkeit, sich in eine Gemeinschaft einzubringen, die Wahl des Partners, die Beziehungsfähigkeit, der soziale Magnetismus und in diesem Zusammenhang natürlich auch die sexuelle Ausstrahlung und das sexuelle Verhalten als eine Grundform des sozialen Lebens beeinflusst.

Körperlich wird dem Sakralchakra das Becken, der untere Bauchraum mit Teilen des Dünndarms, die Nieren, die Blase und die inneren, wie äußeren Geschlechtsorgane zugeordnet.

Im seelischen Bereich ist das soziale Empfinden eines Menschen vom Zustand dieses Chakras betroffen und im Geistigen seine Haltung zur menschlichen Gemeinschaft und der soziale Sinn.

Ein Mensch mit einem gesunden Sakralchakra lebt als Teil einer Gemeinschaft (der menschlichen Gemeinschaft, einer Dorfgemeinschaft, der Belegschaft einer Firma, einer Familie, einer Partnerschaft o.ä.) und in Einklang oder auch in konstruktiver Disharmonie und Auseinandersetzung mit ihr. Er weiß, ohne sich darüber ständig bewusst zu sein, dass menschliche Gemeinschaft in welcher Form auch immer, ein wichtiger Bestandteil seiner Existenz ist und diese sichert. Denn niemand ist eine Insel.

Menschen bauen ihre Existenz gemeinschaftlich auf, denn wir sind von unserer Herkunft »Rudeltiere«. Wir bilden Gemeinden, Völker, Staaten, Königreiche, Stämme, die nach gemeinsamen Normen und Werten funktionieren. Diese Normen und Werte dienen immer dem Ziel, die Gemeinschaft zu erhalten und Gefahren von ihr abzuwenden. Denn einem Einzelnen kann es nur so gut gehen, wie es die Gemeinschaft, in der er lebt, ermöglicht.

Menschen mit einem gesunden, das heißt starken und harmonischen Sakralchakra empfinden eine natürliche Verantwortung für die Gemeinschaft, in der sie leben. Sie wissen, dass ihr Wohl maßgeblich von dem Gemeinwohl abhängt und setzen sich für die Gemeinschaft ein.

Die Weise, in der Menschen soziale Verantwortung übernehmen, ist vielfältig.

Sie kann darin bestehen, einen Beruf auszuüben und Dinge herzustellen, Fähigkeiten anzubieten, die in der Gemeinschaft gebraucht werden. Sie besteht in der Erziehung und Sorge für die Kinder oder der Fürsorge für die Alten der Gemeinschaft oder in der Übernahme für nicht beruflich organisierte Aufgaben. Sie besteht im Feiern, geselligen Beisammensein oder anderen gemeinschaftlichen Aktivitäten. Jede Kultur prägt ihre eigenen Formen der sozialen Pflege und des Miteinanders aus.

In Einklang mit einer Gemeinschaft zu leben bedeutet auch, in der Lage zu sein, die Gemeinschaft zu verändern, zu gestalten und sie den sich verändernden inneren oder äußeren Bedingungen anzupassen.

Für einen Menschen mit einem gesunden Sakralchakra gehört dieses Gestaltungsvermögen zu seinen Fähigkeiten. Er ist in der Lage, die Gemeinschaft, in der er lebt, sowohl zu seinem als auch zum Wohl aller zu gestalten. Dazu kann es gehören, Neues einzubringen, Veränderungen zu initiieren wie auch Streitigkeiten und Konflikte auszutragen.

Dies ist kein Widerspruch zum Gemeinsinn, denn eine gesunde Gemeinschaft lebt von Menschen, die sich und ihre Interessen aktiv gestaltend einbringen, ohne die anderen aus dem Auge zu verlieren.

Störungen des Sakralchakras wirken sich auf das Sozialleben eines Menschen aus. Typische »Krankheiten« des Sakralchakras sind Einsamkeit, Isolation, mangelnde soziale Verantwortung, antisoziales Verhalten, Egozentrismus. Menschen mit einer solchen Störung können nie wirklich zufrieden sein, denn ein erfülltes Leben ist ohne ein gesundes Sozialleben nicht möglich. Selbst der Einsiedler auf dem Berg ist sozial. Er ist ein Teil einer religiösen Gruppe oder Strömung und versteht sein Leben als einen Beitrag zur Entwicklung der Menschheit schlechthin.

Im Partnerschaftlichen äußern sich die Störungen in Beziehungslosigkeit, Beziehungsunfähigkeit, immer wiederkehrenden gravierenden Partnerschaftsproblemen, in sexuellen Problemen oder sexuellen Kontakten ohne innere Beteiligung.

Ein nicht gut funktionierendes Sakralchakra kann jedoch auch ganz andere Phänomene mit sich bringen, als wir es uns vorstellen. Es kann in der fehlenden Abgrenzung zu anderen Menschen bestehen, darin ganz in der Gemeinschaft aufzugehen, eine symbiotische Beziehung zu hegen und pflegen, nichts anderes als Miteinander zu kennen und zu mögen, und sich ohne das Zusammensein mit anderen als ein Nichts zu fühlen.

Ein Beispiel aus der Chakrenarbeit:

»Bei der Körperübung zum Sozialchakra überkam mich ganz plötzlich ein Gefühl von Fremdheit … Es war wie die Essenz dessen, wie es mir in den allermeisten sozialen Situationen geht. Ich fühle mich fremd, unbeholfen, mein Wunsch nach Gemeinschaft bleibt unerfüllt. Am liebsten meide ich Gruppen oder bleibe der Zuschauer am Rand.

Ich konnte in der Übung die Fremdheit das erste Mal ganz bewusst wahrnehmen, wo ich sonst nur Unwohlsein fühle. Nach der Übung lies mich die Erfahrung nicht mehr los. Ich beschäftigte mich weiter mit ihr. Es kamen Erinnerungen an meine Kindheit auf, als Einzelkind in einer nicht sonderlich lebensfreundlichen Umgebung.

Ich nutzte sowohl die Körperübungen, als auch die Meditationen, um mein Sozialchakra zu mir zu holen, es warm werden zu lassen und ganz einzunehmen. Dabei flossen viele Tränen, die ich früher nicht geweint hatte. Jetzt fühle ich mich schon mal wohl mit mir selbst. Ich bin mir sicher, dass es auch mit anderen so wird, wenn ich weiter dranbleibe.«

Igor, 32 Jahre alt

Das Solar-Plexus-Chakra

Das Solar-Plexus-Chakra hat die persönliche Existenz eines Menschen zum Thema, d.h. hier geht es um die persönliche Stärke.

Themen wie: Von sich selbst überzeugt sein, die Fähigkeit sich zu präsentieren, emotionales Standing und Durchsetzungskraft gehören zu dem Chakra.

Falls das Solar-Plexus-Chakra im Minusbereich seiner Möglichkeiten agiert, gehören Depression, Ohnmachtsgefühle und »Ich kann nicht«, »Ich schaffe es nicht« hierhin.

Körperlich sind dem Solar-Plexus-Chakra der Oberbauch, die Verdauungsfunktionen, Magen, Milz, Leber, die Bauchspeicheldrüse, die Gallenblase, der Dünndarm, der untere Rücken und ein Großteil des vegetativen Nervensystems zugeordnet.

Zu den psychischen Qualitäten dieses Chakras gehören emotionale Stabilität, innere Stärke, Mut, Durchsetzungskraft und Selbstbehauptung, wie deren Gegenstücke: emotionale Labilität, Schwäche, Ängstlichkeit und »sich unter einer Tarnkappe« verstecken.

Auf geistiger Ebene ist die Haltung zu eigenen Bedürfnissen und vitalen Interessen (sowohl den eigenen als denen anderer) vom Zustand dieses Chakras abhängig.

Ein Mensch mit einem gesunden Solar-Plexus-Chakra kann sich und seine Bedürfnisse in die Welt bringen, ohne andere zu beherrschen oder zu unterdrücken. Er ist den Notwendigkeiten seines Lebens und seiner Umwelt gewachsen, er fühlt sich stark und ist stark genug, auftretenden Problemen oder Widerständen zu begegnen und diese auf seine Art zu meistern. Er muss sich nicht prophylaktisch vor den Anforderungen des Lebens schützen oder ihnen ausweichen, er hat die innere Kraft, sich dem Leben zu stellen und die geforderten Dinge zu bewältigen.

Ist das Solar-Plexus-Chakra gestört, kann sich diese Störung einerseits in Ohnmachtsempfinden, ebenso gut jedoch in Machtstreben anderen Menschen oder den Gegebenheiten des Lebens gegenüber äußern. Überzogenes Machtstreben oder unangemessenes Ohnmachtserleben sind polare Verhaltensweisen, die von einem gestörten Verhältnis zu sich selbst im Zusammenhang mit dem Solar-Plexus-Chakra zeugen.

Auf der einen Seite steht das Erleben, unbedeutend zu sein, sich nie durchsetzen zu können und dem Leben einfach nicht gewachsen zu sein. Der Betroffene hat nicht die Kraft, die Fähigkeiten oder den Mut, sich im Leben zu behaupten. Eigentlich möchte er auf immer das zu versorgende Kind bleiben. Der Gegenpol ist das Machtstreben. Hier steht das Beherrschen oder Unterdrücken von Leben oder Lebensäußerungen im Mittelpunkt, beides sehen wir als Vorgehen, um mit dem Leben fertig zu werden. Dabei ist nicht gesagt, dass das Machtbedürfnis immer offen zu Tage tritt. Gerade hier gibt es viele leise und schwach erscheinende Spielarten, die sich in Form von Manipulation und versteckter Einflussnahme äußern.

Es ist gleich, ob eine Mensch mit einem gestörten Solar-Plexus-Chakra Macht- oder Ohnmachtsverhalten ausprägt. Hinter beidem steht eine Einschränkung in seinem Selbstbehauptungs- und Durchsetzungsvermögen. In der Folge kommt der Mensch nicht zu seinen Zielen, er erkennt seine Bedürfnisse nicht und kann nicht zufrieden sein.

Ein Mensch mit einem gesunden Solar-Plexus-Chakra hat es nicht nötig zu unterdrücken, zu manipulieren oder sich zurückzuziehen. Er hat ein kraftvolles Auftreten, ist präsent und besitzt dadurch eine natürliche Autorität. Er wird von anderen als integre Persönlichkeit wahrgenommen, die, falls es nötig sein sollte, sagt, was sie will und dies auch tut. Diese Fähigkeiten eines gesunden Solar-Plexus-Chakras können eine gute Grundlage für reale Machtpositionen bilden, die dann zum Wohl aller geraten, wenn sie vor dem Hintergrund eines gesunden Sakralchakras in sozialer Verantwortung gelebt werden.

Doch die gesunden Qualitäten des Solar-Plexus-Chakras beziehen sich nicht nur darauf, wie ein Mensch auftritt. Das Chakra wird auch als der Ort des »nicht wieder umkehrbaren Erwachens« bezeichnet. Ein erwachter Mensch weiß, dass er (wirklich) per Substanz und Energie existiert. Der erwachte Mensch fühlt sich dem Leben und dem Tod gewachsen. (In der Astrologie ordnet man dieses Phänomen dem Pluto-Prinzip zu. Dort heißt es, der Mensch habe sich selbst ermächtigt. Das können diejenigen sehr gut verstehen, die Bewusstheit ihrer selbst erlangt haben.)

Ein weiteres Thema des Solar-Plexus-Chakra ist der Ausdruck von vitalen Bedürfnissen. Die Wahrnehmung des eigenen Willens und der eigenen Bedürfnisse ist grundlegend für das Wohlergehen und die persönliche Erfüllung. Durch diese Wahrnehmung kann die innere Natur eines Menschen zum Ausdruck kommen. Ist sie unterdrückt, treten Diskrepanzen zwischen den eigenen Interessen und dem Handeln auf.

Diese Schwäche ist ein Anzeichen für eine Macht- oder Ohnmachtsthematik und ein unausgewogenes Solar-Plexus-Chakra.

Gerade in unserer westlichen Kultur haben sehr viele Menschen eklatante Probleme mit diesem Chakra. Macht – Ohnmacht – Unterordnung – Überordnung – Führung – Gehorsam – Selbstbewusstsein – Durchsetzung, all das sind problematische und mit moralischen Vorzeichen versehene Themen.

Dieses Chakra gleicht bei vielen Menschen einem Staudamm der Gefühle, Energien, Bedürfnisse und Triebe. Bricht dieser Staudamm, kommt es oft zu einer Katharsis der angestauten Gefühle, die als Befreiung erlebt wird. Schafft mensch es, den Solar-Plexus frei zu leben, können Gefühle und Bedürfnisse ausgedrückt werden und als Teil unseres gesamten Wesens integriert sein. Werden vitale Bedürfnisse und der Ausdruck der eigenen Persönlichkeit zurückgehalten, sitzen sie in diesem Chakra fest.

Ein Beispiel aus der Chakrenarbeit:

»Wenn das Solar Plexus Chakra in Ordnung ist, strahlt der Mensch wie die Sonne. Er ist ein Sonnenschein.« An Sätzen wie diesen habe ich mich schon immer gerieben, denn ich fühle mich eher als Schatten, und mein Solar-Plexus-Chakra ist sehr oft verkrampft. Ich war daher nicht überrascht, als ich in der Übung zu diesem Chakra auf etwas Ängstliches und Stacheliges stieß.

Mit Hilfe der Visualisierungsübungen kam ich dem Chakra näher und erkannte, dass sich hier Ohnmachtsempfinden und Unterlegenheit sammeln. Ich sah mich in Auseinandersetzungen mit meinem Chef, dem ich nie etwas recht machen kann. Ich verstand, wie das Chakra zu seinem Zustand gekommen ist. Es ist ein Schutz vor den negativen Erfahrungen.

Mit der Arbeit, vor allem mit der Körperübung zu dem Chakra, baute ich Stärke auf. Ich spürte, wie schädlich es für mich ist, meinem Chef gegenüber den Mund zu halten und seine Launen über mich ergehen zu lassen. So habe ich es schon immer gemacht, schon früher mit meinem älteren Bruder, dessen »Liebling« ich war. Aber so will ich es nicht mehr. Es bereitet mir zu viele Magenschmerzen.

Die Übungen brachten mir den Mut, mich zu wehren und für mich einzustehen, auch wenn das erst einmal der unbequemere Weg ist. Ich sammle langsam gute Erfahrungen mit ihm. Das ist wunderbar. Mein Oberbauch entspannt sich, und ich fühle mich von innen heraus freundlicher!

Wenn es so weitergeht, schaffe ich die Sonne auch noch!«

Kurt, 45 Jahre alt

Die materielle/soziale/persönliche Existenz

Wie schon erwähnt, haben die unteren drei Chakren eine grundlegende Eigenschaft. Die in ihnen angesprochenen Themen sind in jedem Menschen vorhanden. Jeder muss sich dem Thema, wie er mit seinem Körper und seinen äußeren Lebensbedingungen umgeht, stellen (erstes Chakra). Natürlich kann ein Mensch diese Frage beiseiteschieben und für unwichtig, ja sogar verachtenswert halten. Doch auch dann hat er Stellung zu diesem Lebensbereich bezogen, er lehnt ihn ab, negiert ihn. Die Folge ist aller Voraussicht nach eine Vernachlässigung seiner körperlichen und vitalen Existenz.

Jeder Mensch verhält sich zu der Gemeinschaft, in der er lebt (zweites Chakra). Er lehnt sie ab, verherrlicht sie, nutzt sie aus, lässt sich von ihr versorgen, versucht ihrem Einfluss zu entfliehen oder baut Alternativgesellschaften auf. Wie er es auch anstellt, es geschieht immer als eine Antwort auf bestehende Gemeinschaften und Ordnungen und bezieht sich somit auf das Thema des zweiten Chakras.

Ebenso kommt niemand um einen Umgang mit den eigenen Bedürfnissen und wie er sie/sich in der Welt vertritt und behauptet herum – die Selbstbehauptung (drittes Chakra). Stelle ich mich diesem Thema nicht, habe ich mich für die Ohnmacht und die persönliche Bedeutungslosigkeit entschieden und lebe somit einen Negativaspekt dieses Chakras. Wie man es auch anstellt, die Themen der unteren drei Chakren sind ein Bestandteil jeden Lebens. Jeder Mensch setzt sich so oder so mit ihnen auseinander. Sie sind existenziell, ob man es nun möchte oder nicht. Die Qualität der Auseinandersetzung hängt maßgeblich vom Zustand des jeweiligen Chakras ab.

Die oberen vier Chakren - das Potenzial des Menschseins

Alle Themen, die in den oberen vier Chakren angesiedelt sind, sind die menschliche Kür. Sie gehören nicht zum Lebenswichtigen, sie sind nicht existenziell.

Will mensch jedoch nicht nur formal zur menschlichen Spezies gehören, sondern sein menschliches Potenzial ausschöpfen, sind hier die Qualitäten und Aufgabengebiete, um die es geht. Hier ist das Potenzial des individuellen Menschen und des Menschseins überhaupt zu finden. Die Erfahrung der Themen und Inhalte dieser oberen vier Chakren ist jedoch ohne die Basis der ersten drei Chakren nicht möglich.

Mit diesen Qualitäten wird der Mensch zum Menschen.

Liebesfähigkeit, Individualität, Bewusstheit, Erkenntnis, Klarheit des Denkens und die Möglichkeit, über sich selbst hinauszusehen und die Realität zu erfassen, sind Fähigkeiten, die allein ein Mensch entwickeln kann. Diese Fähigkeiten hängen mit den Möglichkeiten der oberen vier Chakren zusammen.

Niemand muss diese Fähigkeiten entwickeln.

Die bloße Existenz geschieht auch ohne sie. Man kann, einem tierischen Wesen gleich, dem Trieb, sich zu ernähren, ein Nest zu bauen und alles zu tun, um die körperliche Existenz zu sichern (erstes Chakra), leben. Man pflanzt sich fort und fügt sich in die Gemeinschaft, zu der man gehört, nimmt dort den Platz ein, der einem zusteht (zweites Chakra) und ist damit zufrieden. Man behauptet sich, wenn man angegriffen wird oder wenn der Platz in der Gemeinschaft streitig gemacht wird und setzt sich für das eigene Überleben ein (drittes Chakra).

Dies sind die natürlichen und überlebensnotwendigen Bestandteile jeder Existenz. Schaut man mal genauer hin, so gibt es gar nicht so wenige Menschen, deren Lebensbestreben nicht sonderlich über diese Grundzüge der Existenz hinausgehen.

Doch Menschen haben die Möglichkeit, über diese basalen Lebensbereiche und Fähigkeiten hinauszugehen. Diese Möglichkeiten sind unser ureigenes menschliches Potenzial. Es öffnet uns die Tür zu einer umfassenderen Lebensqualität und größerer Bewusstheit.

Die Qualitäten der oberen vier Chakren sind eine Herausforderung zur bewussten Menschwerdung.

Befassen wir uns mit den oberen vier Chakren und entwickeln ihre Qualitäten, ist dies ein Weg, uns das ganze Potenzial der menschlichen Existenz zu erschließen. Es ist ein Weg zu Herzlichkeit, Freiheit, Kreativität, Individualität, Weitsicht, Klugheit, Weisheit, Selbsterkenntnis und Bewusstheit.

Um diese Entwicklung voranbringen zu können, muss die Basis der menschlichen Existenz gesund, das heißt beweglich und zugleich stabil, stark und harmonisch sein. Dies möchten wir an dieser Stelle noch einmal betonen.

Die oberen Chakren sind wichtig, doch sie sind nicht die wichtigeren Chakren, um die man sich mehr kümmern sollte. Für die volle Entfaltung der Qualitäten der oberen Chakren muss eine gesunde körperliche, soziale und emotionale Grundlage vorhanden sein, und die wird in den unteren Chakren gelegt.

Sind die unteren drei Chakren vollständig und im konstruktiven Sinne funktionsfähig, wirkt der Mensch lebendig, vital, stark. Man spürt, dass er gerne lebt und auf der Welt ist.

Sind die unteren drei Chakren im Negativbereich, dann ist der Mensch dem Tode nahe, er wirkt wie eine vertrocknete Pflanze, ohne Interesse an sich oder etwas Lebendigem.

Sind die unteren drei Chakren voll funktionsfähig, ist der Mensch anwesend, er hat Ausstrahlung und ist wach.

Sind die drei Chakren im Negativbereich, haben andere Menschen das Gefühl, er sei nicht so richtig greifbar und »anwesend«. Ein solcher Mensch wirkt innerlich abgestumpft, er ist in einer Gruppe der typische Mitläufer, übernimmt keine Verantwortung, ist einsam, ohne Einsamkeit verspüren zu können.

Für die Praxis unserer Chakraübungen und die Auseinandersetzung mit den Inhalten der Chakren bedeutet das: Nimm dir Zeit für die ersten drei

Chakren, befasse dich mit ihnen und bringe sie so weit in Ordnung, wie es dir gelingt. Und dann erst kümmere dich um die oberen vier Chakren.

Dann kommst du als erstes zum Zentrum der Chakren, zum Herz-Chakra in ihrer Mitte.

Das Herzchakra

Das Herzchakra ist das Zentrum der sieben Hauptchakren. Das Herz-Chakra ist die Vermittlungsstelle. In ihm finden wir den Übergang von den Themen, die die Existenz eines Menschen betreffen, zu den »höheren« Themen. Das Herzchakra ist für das Mitgefühl, für Mitempfinden, Akzeptanz, Herzlichkeit und die Liebesfähigkeit zuständig.

Es steht zwischen den Armen, den Händen, ist im Brustraum. Es ist mit der Haut in Verbindung und hat mit Berührung, Sinnlichkeit und Kontakt zu tun.

Ist das Herzchakra eines Menschen gesund, ist er in der Lage, sich in die Belange und Lebensbedingungen anderer Menschen einzufühlen. Er ist emphatisch und bringt Verständnis für ihre Lebenssituationen auf, da er sich für ihre Belange öffnet, sie an sich heranlässt und sie nachempfinden kann. Ein gesundes Herzchakra ist die Grundlage für Toleranz. Ohne die Fähigkeit der Empathie, des Mitempfindens, bleibt ein anderer Mensch für uns verschlossen. Er lebt in seiner Welt, die für uns nicht nachvollziehbar ist.

Das Mitgefühl eines Menschen mit einem voll entwickelten Herzchakra ist frei und im wahrsten Sinne des Wortes objektlos. Es bezieht sich zugleich und trotzdem auf ihn selbst und auf alles, was ihn umgibt.

Es ist verbunden mit und sagt Ja zu allem: zum Leben, zum Sein, zum Anderen und – ich wiederhole mich, weil es so wichtig ist: zu sich selbst.

Dieser Menschentyp nimmt die Dinge, so wie sie sind und wirkt in allen Lebenslagen aufbauend. Er scheut sich nicht, wenn einmal deutliche Worte gesagt werden müssen oder Konflikte ausgetragen werden.

Ein Mensch mit einem gesunden Herzchakra weicht nicht vor Auseinandersetzungen zurück, denn sein Ja, seine Akzeptanz bezieht sich auch auf diese im allgemeinen negativ bewerteten Aspekte des Lebens.

Gerade von der Fähigkeit die Dinge anzunehmen und zu nehmen, wie sie sind, geht die große Heilwirkung aus, die ein harmonisches, pulsierendes Herzchakra mit sich bringt. Viele Krankheiten und viel Leid entsteht durch Verneinung, durch Abspaltung und Verdrängung von Gefühlen und Gegebenheiten. Ein starkes, aktives und harmonisches Herzchakra ist im weitesten Sinne heilsam, weil es Ja sagt, annimmt, sich den Dingen zuwendet und ihnen so aus dem Käfig der Verneinung heraushilft.

Die Hingabe des gesunden Herzchakras ist kein romantisches Dahinschmelzen oder Vergehen, sondern ein Bekenntnis zu einem aufbauenden, liebevollen Dasein.

Unserer Ansicht nach ist Hingabe einer der großen Schlüssel zur persönlichen Entwicklung. Ohne Hingabe geschieht keine Identifikation und kein identifiziertes Dasein. Mit Hingabe steht die Welt offen. Das erkennt man dann, wenn man Hingebung praktiziert. Hingabe an die eigenen vitalen Interessen (die unteren drei Chakren) ist genauso wichtig wie Hingabe an Kunst, Individualität, Wissen, Weisheit und Spiritualität (die oberen drei Chakren).

Zu den Qualitäten dieses Chakras gehören zudem innere Weite und innere Freiheit. (Auch wenn ein Mensch mit einem gesunden Herzchakra streng und konsequent ist, wenn die Lage es verlangt.) Das gesunde Herzchakra schließt jedoch Rigidität und Verbissenheit aus. Es strahlt, es kann vergeben und ist großzügig.

So einfach kann es sein.

Auf körperlicher Ebene werden das Herz, der Thymus, die Lunge, die Haut, der gesamte Brustbereich und der obere Rücken diesem Chakra zugeordnet.

Ein Beispiel aus der Chakrenarbeit:

»Ich nehme das Herzchakra kugelförmig wahr in unterschiedlichen Rottönen. Ich fühle, dass es noch nicht ganz fertig ist. Die Anlage ist sehr in Ordnung, doch es hat noch Potenzial.

Ich bin damit erst einmal sehr zufrieden, denn die Erwartung an mein Herzchakra war eine ganz andere, ich hatte befürchtet, es sei klein und vertrocknet. Ich bin froh, zu diesem Herzchakra eine Verbindung zu haben und mich weiter mit ihm auseinandersetzen zu können. Ich merke schon jetzt, dass meine Brust freier wird, und ich kann mich viel besser annehmen.«

Nina, 35 Jahre alt

Das Halschakra

Schon die Lage des Halschakras, seine Nähe zur Stimme und zu den Sprechorganen, macht für jeden deutlich, dass Ausdruck in allen möglichen Formen das große Thema dieses Chakras ist. Um es genau zu sagen, liegt das Potenzial dieses Chakras im Selbstausdruck und in der Fähigkeit, die eigenen Empfindungen, Ideen, Gedanken, kurz alles, was die eigene Person ausmacht, ungehindert auszudrücken. Das Halschakra ist daher auch das Chakra der Individualität, in und mit dem sich die Einzigartigkeit eines Menschen zeigt.

Es schafft eine Verbindung zwischen Corpus und Kopf und stellt damit eine wichtige Schaltstelle zwischen unseren Emotionen und inneren Wahrheiten und unserer Ideenwelt (obere zwei Chakren) dar. An der Schaltstelle kann es zu Konflikten kommen, wenn die inneren Wahrheiten eines Menschen in ihrem Ausdruck behindert werden, weil sie dem Kopf nicht in den Kram passen.

Vielleicht kennen Sie auch den Ausdruck »mein Körper und ich«. Damit ist eine Unterscheidung und Trennung zwischen dem Corpus und dem Kopfbereich gemacht. Der Mensch erlebt seine oberen beiden Chakren als »ich« und die unteren Chakren (die »restliche« Körperlichkeit, denn der Kopf – manchmal muss man es betonen – ist ein Teil des Körpers!) als eine Art Anhängsel.

Das Potenzial dieses Chakras ist die Integrität, sprich die Übereinstimmung und Kongruenz von Ideen, Gedanken, Emotionen, deren Ausdruck und der Lebenspraxis. Ein integrer Mensch ist ein Mensch, der sagt, was er denkt und fühlt, bei dem die innere Welt und ihr Ausdruck eins/vereint/integriert sind. Er ist mit sich kongruent und steht für seine Meinung ein, denn er ist mit ihr identifiziert. Meinungen und Ideen sind ein gelebter Teil von ihm. Er ist wesentlich, sein Wesen ist in dem, was er sagt und tut, sichtbar.

Damit die innere Welt eines Menschen einen authentischen Ausdruck finden kann, muss eine weitere Fähigkeit des Halschakras entwickelt sein – das Hören. Hier sind das In-sich-hineinhören und Auf-sich-hören gemeint, die Fähigkeit, die eigenen Emotionen und Wahrheiten zuzulassen, wahrzunehmen, um ihnen Gehör zu verschaffen. Ein Mensch, der nicht in der Lage ist, auf sich selbst zu hören, kann sich nicht selbst ausdrücken. Er kann lediglich erlernte Wahrheiten anderer reproduzieren und nacherzählen.

Das Halschakra ist »zuständig« für den Austausch zwischen innen und außen. Ein Mensch mit einem gesunden Halschakra spricht von Dingen, die er verantworten kann, vielleicht sogar selbst erlebt, gefühlt und verarbeitet hat.

Auch Kreativität und die schöpferische Kraft, das »Neues schaffen« sind mit dem Halschakra verbunden. Jede schöpferische Tätigkeit verlangt die Fähigkeit, in sich zu gehen, auf sich zu hören und aus der Tiefe des eigenen Wissens/Wesens etwas in die Welt zu bringen. Dieses Neue hat eine umso größere Bedeutung, wenn es dem Schaffenden gelingt, das Außen in den Schaffensprozess einzubeziehen, auf das Außen zu hören und etwas zu kreieren, das mit der Realität, der Wirklichkeit übereinstimmt. Dann kann ein Werk für andere Relevanz bekommen.

Auf körperlicher Ebene werden dem Halschakra der Stimmapparat, die Ohren, das Hören, der Nacken, die Schultern und als Organ die Schilddrüse mit ihrer Bedeutung für den gesamten Stoffwechsel zugeordnet.

Ein Beispiel aus der Chakrenarbeit:

»Druck im Hals, der berühmte Kloß, ist für mich ein Dauerbrenner. Das zeigt sich auch in immer wieder aufflammenden Mandelentzündungen. Mit Hilfe des Halschakras wollte ich mich von dem Kloß lösen. Ich begann damit, das Chakra zu visualisieren und war erschrocken.

Ich sah einen schwarzen Klumpen. Er oder es – das Halschakra – fühlte sich schwer und verklebt an. Während der Visualisation wurde mir klarer, dass ich hier im Halsbereich etwas festhalte. Ich blieb in Kontakt damit und spürte mit der Zeit, dass es ein Schrei war. Ich erlebte einen unterdrückten Schrei in mir.

Dann wechselte ich zu der Körperübung für das Halschakra. Danach wurde das Chakra leichter. Ich begann wieder mit der Visualisation und konnte die festsitzenden – jetzt kann ich sagen – Schreie immer besser wahrnehmen. Ich schrie und schrie, nicht laut, sondern ich erlebte das Schreien in mir. Es wurde zu einer reinen Katharsis, ich dachte schon: »Es hört wohl nie auf!!«, und dann nahm das Schreien doch ab, es hatte sich entladen.

Ich verstand plötzlich, aus welchen Erfahrungen diese Schreie kamen. Es war festgehaltener Zorn/Unmut über eine Lebenssituation, die mich völlig einengte und nicht das tun lies, was ich tun wollte. Tun will. Ich verstand, dass ich diese Lebenssituation dringend ändern muss, wenn ich meine Halsschmerzen loswerden möchte UND wenn ich zufrieden sein will.

Jetzt bin ich mitten in diesem Prozess. Leicht ist etwas anderes. Aber wann war es schon leicht, sein eigenes Leben zu leben und nicht dem Vorgegebenen zu folgen. Die Chakrenübungen sind dabei eine wundersame und wunderbare Unterstützung.«

Lilo, 48 Jahre alt

Das Stirnchakra

Die Themen des Stirnchakras sind Wahrnehmung, Bewusstsein und Erkenntnis.

Betrachten wir diese drei Fähigkeiten genauer, stellen wir fest, dass jeder über sie verfügt. Die Qualität, in der sie gelebt werden, ist jedoch von Mensch zu Mensch enorm unterschiedlich. Sie können als ein dumpfes Erkennen, das vor allem die eigenen Belange betrifft, oder als differenzierte Wahrnehmung, die in der Lage ist, Dinge, die weit über das eigene Lebensspektrum hinausgehen, zu erkennen, gelebt werden. Bei wohl fast jedem Menschen, sei er nun eher dumpf oder extrem sensibel, können diese Fähigkeiten ausgebaut, entwickelt und verfeinert werden, denn es ist in unserer Gesellschaft nicht üblich, ein entwickeltes Bewusstsein zu haben und zu erkennen, was ist. Wir werden darauf gepolt, die Realitäten unseres Leben oberflächlich zu betrachten, Daten und Fakten zu sammeln, den äußeren Schein zu erfassen und nicht in die Tiefe und Komplexität einzusteigen.

Die Möglichkeiten, die sich durch Entwicklung des Stirnchakras bieten, gehen über die allgemein üblichen Wahrnehmungsgewohnheiten hinaus.

Eine entwickelte Wahrnehmung stützt sich nicht allein auf Gesehenes, Gehörtes, die Oberfläche der Dinge oder ihr äußeres Erscheinungsbild. Die Wahrnehmung dieses Chakras geht tiefer, sie bezieht alle Sinne ein, das Spüren ebenso wie die Fähigkeit, feinstoffliche Informationen aufzunehmen. Wahrnehmen wird zu einem ganzkörperlichen Prozess, der es ermöglicht, Dinge vollständig zu erfassen, wie sie sind.

Zu den Qualitäten des Stirnchakras gehört das, was man Intuition nennt. Schaut man genau hin, dann ist Intuition nicht das Geheimnis, als das sie oft erscheint. Intuition ist die Fähigkeit, feinstoffliche Informationen, seien es Gedanken, Emotionen, Erinnerungen oder Begebenheiten, die nicht in einem selbst sondern in etwas (einem) anderen geschehen, wahrzunehmen, zu erkennen und zu verstehen. Diese Fähigkeiten gibt es in unserer von Rationalität geprägten westlichen Welt nicht, weil die Informationen nicht messbar und mit schulwissenschaftlichen Mitteln kategorisierbar sind. Feinstoffliches, die Energien von Verstorbenen, die gedanklichen Schwingungen des Nachbarn und so weiter gibt es nicht.

Entwickelt man die Wahrnehmungsfähigkeit des Stirnchakras, werden diese Wahrnehmungen zu etwas ganz Normalem. Die Wahrnehmung von Schwingungen, Energien und Informationen gehört zu unseren grundlegenden Fähigkeiten. Jeder kann das, wenn er das Verbot, welches in unserer Gesellschaft darüber liegt, hinter sich lässt und seine Sensibilität entwickelt. Intuition verliert dann ihren mystischen Beigeschmack.

Um von der Wahrnehmung zur Erkenntnis zu kommen, ist Bewusstsein notwendig. Die beste Wahrnehmungsfähigkeit nützt nichts, wenn man ihrer nicht bewusst ist. Ich kann sie nur dann zum Erkennen nutzen, wenn ich wach, aufmerksam und präsent bin. Ein Mensch, der in seiner Wahrnehmung eingeschränkt ist, kann nicht erkennen, was wirklich ist, und damit auch nicht die nötigen und möglichen Ableitungen vornehmen, d. h. verstehen.

Natürlich ist uns klar, dass jeder Mensch eine eingeschränkte Wahrnehmung hat: Dies ist allein deshalb so, weil er Mensch ist und Wahrnehmung mit seinen menschlichen Organen stattfindet, die aus sich heraus begrenzt sind. Doch die Wahrnehmungsfähigkeit, die man für »normal« hält, umfasst nur einen sehr geringen Teil der Möglichkeiten, die jeder Mensch hat.

Die »normale« Wahrnehmung besteht in der Regel darin, dass es selbstverständlich ist, die Welt durch die Brille der eigenen Erwartungen, Normen, Denkmuster und Lebenserfahrungen zu sehen und das Gesehene für die Wirklichkeit zu halten. Doch diese Brille versperrt den Blick und verzerrt die Wirklichkeit, denn die Muster der eigenen Erfahrungen wirken wie ein Brett vor dem Kopf des Betrachters, durch das es ihm unmöglich ist, über sich selbst hinaus zu erfassen, was ist. Verwirrung, Realitätsferne und Desorientierung sind die Folgen dieser Einschränkung.

In der Auseinandersetzung mit dem Stirnchakra stoßen wir auf die Blockierungen und Einschränkungen, können sie uns vergegenwärtigen und überwinden. Dadurch erhalten wir die Möglichkeit, unseren Blick zu befreien und die Wirklichkeit mit all ihren Facetten zu erfassen.

Für einen Menschen mit einem gut entwickelten Stirnchakra sind Selbsterkenntnis und daraus folgend Selbstbewusstsein normal. Er ist sich über sich und seine Existenz bewusst, er kennt sich bei sich aus, weiß um seine Ziele, Werte und Beweggründe, er ist ihnen nicht ausgeliefert, er kann sie handhaben. Er ist selbstbestimmt.

Auch für das Denken birgt dieses Chakra ein großes Potenzial. Je entwickelter das Chakra ist, desto klarer ist das Denken, desto einfacher fällt es, Dinge zu analysieren und gedanklich zu durchdringen. Mehr noch! Je weiter dieses Chakra entfaltet ist, desto eher ist ein Mensch in der Lage, wirklich zu denken und im Denken Neues zu kreieren. Er kann über das normale Denken, das beim Begreifen vorhandener Fakten stehenbleibt, hinausgehen und die Fähigkeit entwickeln, denkend etwas Neues (wie aus dem Nichts) zu schaffen.

Er kann sein Denken von der Fähigkeit einer detaillierten Bestandsaufnahme bis hin zum Akt der Kreativität und Innovation nutzen und somit die Grenzen der bisherigen Ideenwelt überschreiten.

Alle Fähigkeiten des Stirnchakras korrespondieren mit unseren Nerven und den Gehirnfunktionen. Auf der körperlichen Ebene werden das Gehirn, die Gehirnfunktionen, Nase, Augen und die Nebenhöhlen diesem Chakra zugeordnet.

Ein Beispiel aus der Chakrenarbeit:

»Ich habe mich lange und immer wieder mit diesem Chakra befasst. Denn ich wollte sein Geheimnis knacken. Es geschah alles Mögliche während dieser Arbeit. Ich merkte Spannung in den Augen, einen Block mitten im Kopf, eine Enge und auch Angst hier ganz loszulassen.

Mit der Zeit und in der Auseinandersetzung mit dem Chakra verstand ich, dass ein »höheres« Bewusstsein und Hellsichtigkeit gar nichts besonders Außergewöhnliches sind. Ich verstand, dass es sich hierbei um die Möglichkeiten der menschlichen Wahrnehmung handelt. Ist diese Wahrnehmung entwickelt, dann kennt sie keine Grenzen.

Die Erfahrung war zuerst beängstigend, weit und frei wahrnehmen zu können, aber ich gewöhne mich daran. Die Übung hat den Weg für die Erkenntnis frei gemacht.«

Bernd, 51 Jahre alt

Das Kronenchakra

Durch eine Öffnung und Entfaltung des Kronenchakras entwickeln wir keine zusätzlichen Fähigkeiten. Hier steht ein anderes Bewusstsein im Mittelpunkt. Das Chakra eröffnet eine neue Wahrnehmung der eigenen Existenz und der Realität, die das Leben ist.

Aussagen eines entwickelten Kronenchakras sind: Alles ist so, wie es ist. Ich bin so, wie ich bin. Ich bin, was ich bin. Es ist, was es ist. Die Aussagen sind erlebte Erkenntnis.

Nichts Faktisches ändert sich durch die Auseinandersetzung mit dem Kronenchakra, alles bleibt bestehen, und dennoch wirkt es sich ganz entscheidend auf den Zustand eines Menschen aus. Der Mensch hat die Chance, ganz zu Hause anzukommen.

Man kann mit der Entwicklung des Kronenchakras entdecken, dass es keine Konflikte gibt, weil man keine Anbindungen mehr an sie hat. Die Verwicklungen und Verstrickungen, die aus persönlichen Anbindungen, Erlebnissen, Haltungen heraus entstehen, hören auf. Man entdeckt, dass »es« keine Harmonie sondern Einheit ist und gibt.

Man kann die Entwicklung dieses Chakras als Krönung der menschlichen Entwicklung bezeichnen. Sie ermöglicht die Erfahrung, dass auf dieser Ebene alles eins ist, dass Ich und Du eins sind, dass die Unterschiedlichkeit der Dinge eins ist.

Es lässt den Betroffenen die Erfahrung machen, dass das Andere, das Ich und das Selbst wichtige Entwicklungsschritte eines menschlichen Lebens sind, letztendlich jedoch Illusionen, die nur so lange eine Bedeutung haben, wie Menschen an sie glauben.

Ein Mensch mit einem voll entwickelten Kronenchakra hat kein Selbst, kein Ich (mehr), er ist. Er hat seine persönlichen Verhaltensmuster, Strukturen und Erfahrungen, doch er ist davon gelöst. Er ist im umfassenden Sinne des Begriffs frei. Er hat den Zyklus der Inkarnationen, das Rad von Geburt, Tod und Wiedergeburt, wie man sagt, verlassen.

In seiner Wahrnehmung fallen das Jetzt und die Ewigkeit in einem Punkt zusammen.

Er hat das Selbst, das Es und das Ich – oder wie man das Menschliche nennen möchte, mit seinen unerlösten Anbindungen, Bedürfnissen und Erlebensweisen, welche ihn von Inkarnation zu Inkarnation treiben, überwunden.

Das Öffnen des Kronenchakras ist meist das Endergebnis einer nachhaltigen Entwicklung über einen langen Zeitraum hinweg. In spirituellen Traditionen wird dieser Zustand als die Erleuchtung bezeichnet. Doch auch ohne einen herkömmlichen spirituellen Hintergrund kann dieser Zustand erfahren werden, weil dieser Zustand der urmenschliche Zustand ist, der für jeden gilt.

Er wird dann möglich, wenn ein Mensch seine Verblendung, seine Dumpfheit, seine Bedürftigkeit, die Gier, die Bedeutsamkeit oder Unbedeutsamkeit seiner Individualität und seines Lebens überwindet.

Der Mensch ist, um ein Wort dafür zu finden, nur noch Betrachter. Er ist dennoch nicht von dem Objekt seiner Wahrnehmung getrennt. Die Aufhebung dieser Trennung bringt ein endgültiges, ein subjektives und zugleich objektives Verstehen des Existierenden mit sich.

Im Körperlichen wirkt sich die Entwicklung dieses Chakras in Form einer Harmonisierung aller körperlichen Vorgänge aus.

Selbst »Krankheit« kann als nicht störend sondern als ein Teil des Lebens und des Lebendigen wahrgenommen und erlebt werden.

Reibungen und Widerstände werden aufgegeben, es ist ein einheitlicher Klang des Seins.

Ein Beispiel aus der Chakrenarbeit:

»Durch die Körperübung für das Kronenchakra kam ich in so etwas wie ein Niemandsland. Es war auch eine Farbe da, ein Gelb, das einen Grauton in sich hatte.

Da wo ich war, war ein Nichts, das mich komisch angesprochen hat. Es ist ein ganz neuer Zustand. Ich weiß nicht, wie ich ihn ausdrücken soll.

Da ist kein Gedanke, kein Gefühl, ich bin irgendwie erschreckend leer … was soll ich sagen …?

Je häufiger ich die Übung mache, desto selbstverständlicher wird der Zustand. Langsam fange ich an, ihn gut zu finden. Es entsteht dabei eine unsagbare Ruhe in mir. Ich glaube, ich werde langsam ein Fan dieser Erfahrung.«

Lisa, 60 Jahre alt

Blockierungen der Chakren

Ein Chakra wird dann als gesund erlebt, wenn es geöffnet ist, auf Einflüsse von außen reagieren kann, die Energie ungehindert, harmonisch, kräftig und stabil fließt.

Als Blockierung oder Störung wird all das bezeichnet, was die Stabilität und den harmonischen Energiefluss behindert.

Störungen können sehr unterschiedliche Ursachen haben, sie können im Seelischen begründet sein, körperliche (gesundheitliche Faktoren, eine Organschwäche) oder geistige (das Denken eines Menschen betreffende) Ursachen haben. Gleichzeitig führt jede Art der Beeinträchtigung der Chakrenenergie auf die Dauer zu körperlichen Beschwerden, zu seelischen Problemen oder zu einer Ablehnung der Fähigkeiten, die mit dem betroffenen Chakra verbunden sind.

Es ist ein Teufelskreis.

Wir unterscheiden drei grundlegende Formen von Störungen.

Der Energiefluss im Chakra kann blockiert sein, was bedeutet: Die Energie ist festgefahren und unbewegt, sie ist zum Stillstand gekommen. Diese Art der Beeinträchtigung geht mit einer Verfestigung und »Versteinerung« des Chakras einher und kann extreme körperliche Spannungen mit sich bringen. Im seelischen Bereich erlebt der Mensch ein Unvermögen, er hat das Gefühl »ich kann absolut nicht«, »ich komme einfach nicht durch«, er kann einen Block oder auch eine absolute Verweigerung erleben. Um aus dieser Situation herauszukommen, braucht man aller Wahrscheinlichkeit nach Hilfe von außen.

Die Energie kann gehemmt sein, was bedeutet: es ist Energie da, aber sie wird zurückgehalten. Der Energiefluss eines Chakras ist schwach, das Chakra ist kaum aktiv oder unterentwickelt. Diese Art der Störung geht mit einer körperlichen Unterversorgung einher. Im seelischen Bereich äußert sie sich als Kraftlosigkeit, Desinteresse, Unfähigkeit, sie ist meist gepaart mit dem Empfinden, man sei schwach und brauche Hilfe und Unterstützung von anderen.

Die Lebensenergie ist spürbar, aber sie kommt nicht voll zum Einsatz, wodurch das Chakra in seiner Funktion eingeschränkt ist. Körperlich wirkt sich die Hemmung in Form einer Unruhe aus. Seelisch äußert sie sich als Unsicherheit, Wunschdenken, als Zögern oder Zurückhaltung.

Eine weitere Form der energetischen Störung ist die Abwesenheit/Leere. Dies bedeutet: Es ist keine Energie vorhanden, oder die Existenz der Energie wird nicht erlebt, wird ignoriert. Körperlich wirkt sich dies als Kälte und Unterversorgung aus, im seelischen Bereich als Unbewusstheit, Gefühllosigkeit, als Sinn- und Empfindungslosigkeit.

Jede Form der energetischen Beeinträchtigung kann in einem der sieben Chakren vorkommen.

Wenn man diese Störungen beheben möchte, sollte man berücksichtigen, dass sie ein Resultat der Lebensgeschichte und der Lebenshaltungen eines Menschen sind. Entsprechend der Lebensgeschichte und des Bewusstseins ist es mehr oder weniger schwierig, die Störungen in einem Chakra zu lösen. Eine Lösung wird in der Regel nicht von heute auf morgen geschehen, sie braucht Zeit, Klugheit, Herzlichkeit und Geduld mit sich selbst. Dauerndes und systematisches Training unserer Chakraübungen ist grundsätzlich empfehlenswert, um Veränderungen herbeizuführen.

Man sollte zu Beginn des Übens sein Augenmerk auf das Lösen von Störungen in den unteren drei Chakren, sprich des Basischakras, des Sakralchakras und des Solar-Plexus-Chakras legen. Ihnen kommt, wie weiter oben im Text bereits ausführlich beschrieben, eine besondere Rolle zu, da sie die Grundlage der menschlichen Existenz/des Energiesystems bilden und mit ihnen alle existenziellen Lebensthemen verbunden sind. Sind die ersten drei Chakren gesund, richten sich die vier oberen Chakren oft wie von selbst in gesunder Weise aus.

Sind die unteren Chakren gestört, können sich die oberen Chakren nicht in einer natürlichen Weise entwickeln, da die Basis des Menschen nicht in Ordnung ist. (Ist der Keller eines Hauses instabil, feucht, schief gebaut kann man darauf auch keine »gesunden« Wohnungen bauen.) Dies sollte man auch dann beherzigen, wenn das eigene Interesse mehr den Themen der oberen vier Chakren gilt.

Drehrichtung und Ladung der Chakren

Alle Chakren (eine Ausnahme bildet das Kronenchakra) kommen in zwei Drehrichtungen vor. Sie drehen, betrachtet man es vom Übenden selbst aus, links- oder rechtsherum. Mit den verschiedenen Drehrichtungen gehen unterschiedliche Gewichtungen und Qualitäten eines Chakras einher. Die Linksdrehung steht für eine aufnehmende und annehmende Qualität des Chakras, die man mit dem YIN der chinesischen Medizin vergleichen kann. Die Rechtsdrehung steht für eine dynamische und nach außen gerichtete Qualität, die dem YANG der chinesischen Medizin entspricht.

Anders ausgedrückt heißt das: Dreht ein Chakra rechtsherum, was mit einer Drehbewegung von innen nach außen verbunden ist, werden die aktiven, dynamischen, nach außen gerichteten Kräfte dieses Chakras stärker. Dreht ein Chakra nach links, was mit einer von außen nach innen gehenden Drehbewegung verbunden wird, werden die aufnehmenden, nach innen gerichteten, man kann auch sagen die passiven Kräfte dieses Chakras verstärkt.

Für das Basischakra bedeutet es, dass bei der Rechtsdrehung die Inhalte des Chakras schwerpunktmäßig im Außen gelebt werden: Neues schaffen, die Lebensbedingungen aktiv verändern, das Haus bauen/besorgen, in dem man wohnt, etc. Bei der Linksdrehung werden die annehmenden, nach innen gerichteten Aspekte des Chakras betont: In Erfahrung bringen, was gut tut und für den Körper gesund ist, das Bestehende (das Haus, die Wohnung) pflegen, sauber halten, aufräumen, sich gesund erhalten, Vorrat anlegen, etc.

Wichtig ist, dass jedem sowohl die aktiven wie die passiven Inhalte zur Verfügung stehen. Sowohl die aktiven, nach außen gerichteten Fähigkeiten wie die passiven, nach innen gerichteten Fähigkeiten eines Chakras gehören zu seiner Grundqualität. Sie werden lediglich mit einem anderen Vorzeichen, mit einer anderen Betonung gelebt, was zur Ausbildung unterschiedlicher Stärken führt.

Die Qualitäten eines Chakras sind nicht monoton und konformistisch, sie werden von Mensch zu Mensch differenziert. Die Differenzierungen hängen davon ab, was ein Mensch erlebt hat, wie er gelebt hat und welche

Aspekte er daraufhin ausgebildet hat und in welchen Lebensbedingungen er sich befindet.

Nehmen wir ein Beispiel zu dem Sakral- oder Sozialchakra. Ist ein Mensch als ältestes Kind einer kinderreichen Familie aufgewachsen, in der schon früh Verantwortung für die kleineren Geschwister an der Tagesordnung war, waren die aktiven Qualitäten des Sakralchakras gefragt: Die Kleinen beschäftigen, die Ordnung untereinander herstellen, für sie sorgen, auf andere aufpassen, etc. Ist ein Kind als Mittleres, mit mehreren dominanten älteren Geschwistern, aufgewachsen, waren eher die passiven Aspekte dieses Chakras gefragt: Sich in eine Gemeinschaft einfügen, sie von innen heraus mittragen und stabilisieren.

Wenn wir in die Praxis schauen, stellen wir fest, dass sämtliche Drehrichtungen, sämtliche ihrer Kombinationen und auch der Stillstand eines Chakras vorkommen können. Jeder Mensch ist anders, erlebt sich anders und hat aufgrund seiner Lebensgeschichte andere Potenziale ausgebildet.

Liegt jedoch der Stillstand eines Chakras vor, dann handelt es sich hierbei meist um eine Blockierung der Energien dieses Chakras oder auch eine Verweigerung, sich mit den verbundenen Themen auseinanderzusetzen.

Im Idealfall ändert sich die Drehrichtung der Chakren von einem Chakra zum nächsten, da die Energie so am stabilsten fließt und im Körper als ausgewogen und harmonisch erlebt wird. In der Übersicht sehen Sie die verschiedenen Drehrichtungen und können gleichzeitig ablesen, wie sie sich auf die Qualitäten und die Fähigkeiten, die mit einem Chakra verbunden sind, auswirken.

Für uns bedeuten unterschiedlichen Stärken und Fähigkeiten keine Wertung, kein »Besser« oder »Schlechter«, alle Inhalte der Chakren sind menschliche Qualitäten, die sich in der Kultur oder auch in der Lebensgeschichte eines Menschen entwickelt haben. Prinzipiell stellen diese Unterschiede zwischen Menschen eine Bereicherung dar, von der alle profitieren können, wenn wir uns vergegenwärtigen, wie wunderbar sie sich ergänzen.

Basischakra	Links: Die Linksdrehung betont den annehmenden, sorgenden und bewahrenden Umgang mit dem Körper, der Erde, der Materie und den Gegebenheiten der Umwelt.
Sakralchakra	Rechts: Die Rechtsdrehung steht für die Fähigkeit zur aktiven Gestaltung sozialer Gruppen / Zusammenhänge, der Partnerschaft und der Familie.
Solar-Plexus-Chakra	Links: Die Linksdrehung steht für die Fähigkeit zur Selbstbehauptung durch Präsenz, persönliche Ausstrahlung und innere Stärke.
Herzchakra	Rechts: Die Rechtsdrehung betont die Fähigkeit der Verbreitung von Wärme, Mitgefühl und Herzlichkeit.
Halschakra	Links: Die Linksdrehung betont die Fähigkeit in sich hinein zu hören, das eigene Befinden wahrzunehmen und sich zu kennen.
Stirnchakra	Rechts: Die Rechtsdrehung betont die Fähigkeit, den Überblick in komplexen Zusammenhängen und Strukturen zu haben und zu bewahren.
Kronenchakra	neutral

Drehrichtung und ihre Verteilung, mit links beginnen

Basischakra 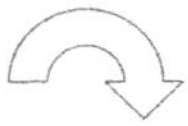	Rechts: Die Rechtsdrehung betont den aktiven, erobernden, nach Neuem und Expansion suchenden Umgang mit dem Körper, der Erde und den Gegebenheiten der Umwelt.
Sakralchakra 	Links: Die Linksdrehung steht für das Annehmen und Einnehmen der angemessenen sozialen Position, das Einhalten einer sozialen Ordnung und die Akzeptanz einer Rangordnung.
Solar-Plexus-Chakra 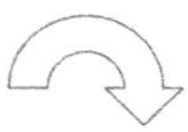	Rechts: Die Rechtsdrehung steht für die Fähigkeit zur Selbstbehauptung durch aktives Eingreifen und Durchsetzen von eigenen und allgemeinen Interessen.
Herzchakra 	Links: Die Linksdrehung betont die Fähigkeit zur Akzeptanz und dazu, alles und jeden bedingungslos anzunehmen.
Halschakra 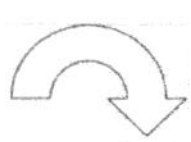	Rechts: Die Rechtsdrehung betont die Fähigkeit des aktiven Ausdrucks und der Kreativität.
Stirnchakra 	Links: Die Linksdrehung betont die Fähigkeit zur aufnehmenden, strukturierten und klaren gedanklichen Analyse.
Kronenchakra	neutral

Drehrichtung und ihre Verteilung, mit rechts beginnend

Schwingung und Transformation der Chakren

Wie zu Beginn schon erwähnt: Chakren sind Energieräder. Sie können in unterschiedlicher Intensität und in unterschiedlichen Frequenzen drehen. Das ist für die gesamte Arbeit und Auseinandersetzung mit Chakren wichtig zu wissen.

Ein Ziel in unserer Chakrenarbeit ist es, zu einer immer freieren, feineren und intensiveren Schwingung der Chakren zu kommen.

Auf dem Weg dorthin lernt das Chakra nach und nach stabiler, anpassungsfähiger und sensibler zu werden. Je weiter ein Chakra entwickelt ist, desto größer ist die Menge der Energie, die es umsetzen kann. Desto feiner ist seine Schwingungsfrequenz und desto bewusster ist der Mensch. Anders ausgedrückt bedeutet das: Je weiter ein Chakra entwickelt ist, desto differenzierter können die mit ihm verbundenen Fähigkeiten und Qualitäten gelebt werden.

Dieser Prozess der Schwingung der Chakren wird als Transformation bezeichnet.

Liegt ein Chakra in einer niedrigen Schwingungsfrequenz vor, werden die Themen dieses Chakras in einer rudimentären Art wahrgenommen und gelebt. Wird das Chakra transformiert, können die Themen differenzierter und in einer größeren Bandbreite (man kann sagen kultivierter) gelebt werden.

Wir möchten diesen Aspekt am Beispiel des Basischakras verdeutlichen.

Ist das Basischakra gesund aber wenig entwickelt, ist ein Mensch in der Lage, seine grundsätzlichen Lebensbedürfnisse zu stillen. Er »kommt gut zurecht«, wie man sagt. Er kann sich ernähren und versorgen, hat die finanziellen Mittel, die er zur Befriedigung seiner Bedürfnisse braucht. Er achtet seine Umgebung, hält die Wohnung in Ordnung und den Arbeitsplatz.

Wird das Basischakra transformiert, verfeinert sich die Art, in der die Grundbedürfnisse gelebt werden. Der Mensch achtet nicht nur darauf, dass er ein Dach über dem Kopf hat, er schafft sich ein Zuhause, das ihn unterstützt, ihm gefällt und seine Zufriedenheit fördert. Er genießt und kommt zunehmend in die Lage zu spüren, welche Nahrung seinem Körper gut tut. Er entwickelt einen feinen Sinn für seinen Körper, weiß gesundheitlich Schädigendes zu meiden und bringt Förderndes in sein Leben. Er weiß, dass er ebenso wie alle anderen Menschen für seine Umgebung, für die Materie, für die Erde Verantwortung trägt und sorgt für deren Erhalt. Er nutzt die eigenen und alle anderen Ressourcen umsichtig und mit Bedacht.

Dasselbe gilt für alle weiteren Chakren. Die Transformation führt dazu, den Lebensbereich, der mit dem Chakra verbunden ist, weiterzuentwickeln. Weiterentwickeln bedeutet, die Möglichkeiten, die in diesem Lebensbereich stecken, zu vervielfältigen, das ihm innewohnende Potenzial auszuschöpfen, und damit die eigene Lebensqualität zu kultivieren und zu verbessern.

Die Chakren auf die nächste Transformationsstufe heben

Wenn du jetzt gleich beginnen möchtest, etwas für eines deiner Chakren zu tun, haben wir ein einfaches und effektives Vorgehen für dich.

Hole dir das Grundprinzip eines Chakras heran und setze dich mit ihm auseinander. In der Folge kommen das Chakra und damit auch seine Inhalte wie von selbst in einen Transformationsprozess. Dies geschieht, weil jeder Mensch, der einen Zustand, ein »So-Sein« erkennt und akzeptiert, seine Selbstheilungskraft aktiviert und zu dem für ihn möglichen nächstbesseren Zustand strebt. Dieser Prozess muss nicht in allen Teilen vollkommen bewusst geschehen. Die Vorgabe gleicht einem Kompass, der dem Übenden hilft, sich in die »richtige«, dem Chakra adäquate Richtung auszurichten.

Hier sind die **Grundprinzipien der 7 Hauptchakren**. Du kannst sie erspüren und erleben!

Basischakra – sich körperlich realisieren
Sakral-/ Sozialchakra – sich in Beziehung erleben
Solar-Plexus-Chakra – sich in Harmonie/ausgeglichen erleben

Herzchakra – sich in Frieden erleben
Halschakra – sich eins mit sich/einzigartig erleben
Stirnchakra – sich als Weisheit erleben
Kronenchakra – sich ganz/als Ganzheit erleben

Dies ist eine wunderbare, mentale Hilfestellung, auf die du immer wieder zurückgreifen kannst. Sie wird dir auch in kniffligen Lebenssituationen oder nervigen Momenten zur Seite stehen – wenn du dich an sie erinnerst. Der Chef hat dich gerade angeranzt, weil dein Mitarbeiter einen Fehler gemacht hat? Erlebe dich in Harmonie/ausgeglichen! Du schreibst Bücher und stehst gerade vollkommen auf dem Schlauch (Schreibblockade)? Erlebe dich eins mit dir/einzigartig!

Und: Nutze diesen Kompass immer wieder während deiner Chakrenarbeit. Er unterstützt dich in der Entwicklung der Qualitäten der Chakren und passt sich der erreichten Transformationsebene an.

Das Ziel der Transformation

Mit der Transformation der Chakraenergie stabilisiert sich auch der körperliche und seelische Zustand eines Menschen. Die Chakren werden durch die Transformation weniger anfällig gegen Störungen. Je intensiver sie drehen, desto stabiler ist ihr Energiefluss und desto stabiler ist das gesamte Energiesystem des Menschen.

Die Transformation der Chakraenergie ist ein Prozess, an dessen Ende die Lösung sämtlicher Determinationen und Anbindungen stehen kann. Es ist ein willentlicher Prozess, den ein Mensch bewusst und zielgerichtet anstreben muss, wenn er ihn erreichen möchte.

Ist diese Ebene der Transformation erreicht, gibt es kein Selbst mehr, jeder persönliche Inhalt eines Chakras ist Vergangenheit. Der Mensch erlebt sich als Teil des Ganzen, als Teil der universellen Energie.

Er ist nicht mehr.

Er ist Nichts und gleichzeitig Alles.

Er hat das Nichts erreicht, das nicht Nichts ist.

(Die letzten Sätze sind Hinweise und Versuche, die eine mögliche Realität annähernd in Worte fassen. Alles, was man sich darunter vorstellen kann, stimmt nicht mit der Realität überein, denn es ist jenseits des täglichen und bekannten Bewusstseins.)

Die Transformation der Chakren ist ein Ansinnen vieler, die sich mit ihnen beschäftigen. Viele sind aber auch damit zufrieden, wenn sie sich mithilfe ihrer Chakrenarbeit wohler fühlen, persönliche Probleme lösen konnten, eine stabilere Gesundheit und eine dauerhafte gute Stimmung im Leben erreichen können.

Bevor man sich der Transformation von Chakren widmet, sollten diese jedoch zuerst einmal im herkömmlichen Sinne gesund sein. Oft entspringt ein Wunsch danach, »höhere« Dimensionen der Bewusstheit und des Daseins zu erreichen, einem »kranken« Chakra, einer Blockierung oder einem körperlichen Minderwertigkeitsgefühl.

Der Wunsch kann beispielsweise einem gestörten Basischakra entspringen und die Ablehnung der materiellen Welt zur Grundlage haben. Beginnt man mit diesem Hintergrund eine Transformation, kann sie nicht zum vollen menschlichen Potenzial führen. Der Wunsch wird verfeinert, potenziert und kultiviert. Aller Voraussicht nach wird dieser Mensch dann »ver-rückter«, von der Welt entrückter und unglücklicher.

Was immer du in der Auseinandersetzung mit deinen Chakren erreichen möchtest, nimm dich dabei ernst und setze dich in Ruhe, Gelassenheit und mit Selbstliebe für dich ein.

Handele nach den uralten Prinzipien:
»Erkenne dich selbst.«
»Nichts im Übermaß.«
»Tu was du willst.«

Wenn du dich an diese einfachen und trotzdem vielschichtigen, weisen und seit Jahrtausenden erprobten Prinzipien hältst, kannst du nur Gutes erwarten.

Übungen zur Heilung der Chakren

Die Übungen, die wir in diesem Buch vorstellen, sind einfach und tiefgreifend. Man kann sie mit geringem Aufwand lernen und bis ins hohe Alter hinein eigenverantwortlich praktizieren.

Jede Übung macht dem Übenden deutlich, wie es um das Chakra steht. Sie lässt ihn das Chakra sehen, den Zustand erfassen, die Inhalte erkennen und mit der nötigen Geduld spüren, warum das Chakra ist, wie es ist. Durch die Auseinandersetzung und den Kontakt zum Chakra wird eine Veränderung/Lösung/Transformation möglich.

Um eine nachhaltige Wirkung zu erzielen, empfehlen wir, die Übungen immer wieder zu praktizieren. Einen festen Rhythmus möchten wir nicht vorschlagen, hole dir die Übungen heran, wann und wie du es magst, es für gut befindest und vor allen Dingen, wie es dir gut tut.

Für manch einen kann es eine gute Sache sein, der Auseinandersetzung einen festen Platz im Tagesablauf zu geben.

Die Wirkung der Übungen ist grundsätzlich aufbauend und harmonisierend. Sie sind so konzipiert, dass Störungen, Disharmonien, Blockaden oder Schwächen innerhalb der Chakren gelöst werden, die Energien harmonisiert und stabilisiert werden.

Das muss und kann oft nicht in einem Schritt passieren. Es braucht seine Zeit.

Zunächst tritt eine Vitalisierung der Chakren ein, die körperlich spürbar sein sollte. Erst mit der Zeit und mit zunehmendem Training nähert man sich dem Ziel der Übungen, der frei fließenden Energie und der damit verbundenen Entwicklung des menschlichen Potenzials im körperlichen, im seelischen und im geistigen Bereich.

Die mentale Chakrenheilung

Die erste Art von Selbsthilfeübungen zur Aktivierung und Regulierung der Chakren ist rein mentaler Natur. Man kann sie jederzeit und in jeder Situation, in der die entsprechende Konzentration aufzubringen ist, praktizieren.

Wir beginnen mit einer einfachen Chakra -Visualisierung. Über die Chakra – Visualisierung holst du dir den derzeitigen Zustand eines Chakras heran und kannst erste Veränderungen auf den Weg bringen.

Die Chakrenvisualisierung I

Kontakt zu einem Chakra aufnehmen, Bewusstsein schaffen, sich einen Überblick über den Zustand des Chakras verschaffen.

Die Übung

Anhand des Basischakras zeigen wir, wie man diese Übung praktiziert. Der Ablauf der Übung gilt für alle anderen Chakren in gleicher Weise.

Setze dich bitte auf einen Stuhl. Achte darauf, deinen Rücken beim Sitzen gerade zu halten. (Für uns westliche Menschen ist das Sitzen auf dem Stuhl dem Schneidersitz auf dem Boden vorzuziehen.)

Stelle beide Füße auf den Boden und halte während der Übung den Kontakt mit dem Boden. Atme zu Beginn einige Male ruhig und entspannt ein und aus.

Visualisiere nun dein Basischakra in einem Abstand von 1,5 bis 2 Metern vor dir oder nimm den Abstand, der dir angenehm ist und in dem du es deutlich sehen kannst. Die Visualisierung kann mit geöffneten oder geschlossenen Augen erfolgen, je nachdem wie es dir leichter fällt.

Lasse langsam das Bild von deinem Chakra vor dir entstehen.

Lasse es langsam immer klarer werden.

Bleibe mit dem Bild in Kontakt.

Lerne den Zustand des Chakras kennen.

Wie sieht das Chakra aus?

Ist es groß?

Ist es klein?

Ist es in sich gedrängt, verknotet, gestaucht oder exzellent geordnet?

Atme ruhig und entspannt weiter, während du dir das Chakra anschaust.

Ist es farbig?

Ist es grau?

Kannst du es riechen? Ist es angenehm oder unangenehm, sich mit dem Chakra zu befassen?

Wie ist das Flair, der Gesamteindruck des Chakras?

Wenn du den Impuls dazu hast, dann stelle dir selbst Fragen, um den Inhalten und der Struktur des Chakras näherzukommen.

Bleibe rund drei Minuten mit dem Basischakra in visuellem Kontakt.

Beende die Übung, wenn du es willst, wenn sich nichts mehr tut, wenn der derzeitige mögliche Sättigungsgrad an Informationen erreicht ist. Lasse dir nach der Übung noch etwas Zeit, in der die Informationen und das damit verbundene Erleben nachwirken können.

Bilder, die sich bei der Visualisierung zeigen, müssen nicht sofort verstanden werden. Vor allem nicht intellektuell. Meist tritt erst einmal ein Gefühl auf, vielleicht eine Ablehnung des Chakras, vielleicht eine Traurigkeit, vielleicht ein Schmerz oder auch eine Freude. All das deutet auf einen Inhalt des Chakras hin. Achte auf diese Empfindungen und gehe ihnen nach, denn sie sind ausschlaggebend dafür, dass du den Zustand deines Chakras verstehst.

Während der Übung

Es ist unsererseits nicht zu sagen, in welcher Art du ein Chakra siehst, da die Visualisierung von Mensch zu Mensch sehr unterschiedlich ist. Wie immer deine Visualisierung ausfällt, vertraue ihr.

Es ist dein Spiegel, es ist deine Art und Weise, dir selbst das Chakra zu zeigen. Lasse dir etwas Zeit, bleibe innerlich wach und auf das Bild konzentriert, auch wenn du es nicht sofort verstehst. Es kann sein, dass das entstandene Bild sich nicht mit der Vorstellung von deinem Chakra deckt und du eine Weile brauchst, um dich daran zu gewöhnen.

Die Bandbreite, in der sich das Chakra zeigen kann, reicht von klaren bunten Bildern, über graue Schemen, Gefühle bis hin zu Klängen und Tönen. Die Deutlichkeit der Bilder hängt vom Zustand des Chakra ab, aber auch von deiner Sensibilität und visuellen Fähigkeit.

Achte bitte darauf, nicht ins Phantasieren zu geraten und eine Vorstellung von dem Chakra zu projizieren.

Falls dir das Bild und die damit verbundenen Empfindungen zu intensiv werden, lasse die Übung langsam und sanft ausklingen und beginne sie später nochmals, wenn du dich dazu bereit fühlst.

- Während der Übung kannst du Gefühle wahrnehmen, die in einem Chakra gebunden sind. Falls dies geschieht, unterdrücke diese Gefühle bitte nicht, auch wenn sie dir zu intensiv werden. Gib ihnen Raum und lebe sie aus, damit sie das Chakra nicht weiter beeinträchtigen.
- Während der Übung kannst du Ideen und Gedanken wahrnehmen, die den Zustand des Chakras beeinflussen. Stelle dich diesen Ideen und Gedanken. Lasse sie leben oder lasse ein Umdenken zu, falls dein jetziges Denken dem gesunden Zustand deines Chakras im Wege ist.
- Spürst du eine Blockierung oder ein ungesundes Durcheinander in einem Chakra, dann bleibe auf das Bild konzentriert und gib dir die innere Vorgabe, das Chakra sich regeln zu lassen. Greife nicht ein, spüre, wie sich das Chakra langsam regelt, und lasse den neuen Zustand immer selbstverständlicher werden.
- Wenn du mit dem Chakra in Kontakt bleibst, wandelt sich sein Zustand in Richtung einer Gesundung. Dieser Prozess entsteht durch die Aufmerksamkeit, die du auf das Chakra richtest. Die Selbstheilungsfähigkeit wird angeregt, wenn du es verstehst und innerlich für eine Änderung des Zustands ohne Vorurteile offen bist.

Lasse die Wandlung zu. Mit dieser einfachen Übung hast du schon ein wunderbares Mittel an der Hand, deine Chakren kennenzulernen und die ersten Schritte zu machen, ihren Zustand zu verändern. Die Veränderungen mit Hilfe dieser Übung geschehen durch Bewusstsein und Aufmerksamkeit.

Mehr braucht es dafür erst einmal nicht. Die mentalen Übungen kannst du vor allem auch dann nutzen, wenn du aus gesundheitlichen Gründen keine Körperübungen machen kannst.

Die Chakrenvisualisierung II

Kontakt zu einem Chakra aufnehmen, Bewusstsein über seinen Zustand schaffen, die Auswirkungen des Chakras spüren, den Zustand lösen und verändern.

Die Übung

Auch hier zeigen wir anhand des Basischakras, wie man die Übung praktiziert. Der Ablauf der Übung gilt für alle anderen Chakren in gleicher Weise.

Setze dich auf einen Stuhl oder bleib stehen, so wie es dir angenehm ist. Achte darauf, deinen Rücken gerade zu halten.

Stelle beide Füße auf den Boden und halte während der Übung den Kontakt mit dem Boden. Atme zu Beginn einige Male ruhig und entspannt zum Chakra in der Mitte des Beckenbodens hin.

Visualisiere nun dein Basischakra in dir (zwischen Anus und den Geschlechtsorganen auf dem Beckenboden). Die Visualisierung kann mit geöffneten oder geschlossenen Augen erfolgen, je nachdem wie es dir leichter fällt.

Lasse langsam das Bild von deinem Chakra deutlich werden.

Wenn sich nicht gleich ein Bild einstellt, achte auf das Empfinden im Bereich deines Basischakras. Einige Menschen können besser spüren als visualisieren – auch gut! Wichtig ist, dass du das Basischakra wahrnimmst. Welcher Teil deiner Wahrnehmung dabei vorrangig ist, spielt keine Rolle.

Bleibe mit dem Chakra in Kontakt.

Lerne den Zustand des Chakras kennen.

Wie erlebst du das Chakra?

Ist es groß?
Ist es klein?
Ist es in sich gedrängt, verknotet, gestaucht oder exzellent geordnet?
Atme ruhig und entspannt weiter, während du dir das Chakra anschaust/während du das Chakra wahrnimmst.
Ist es farbig?
Ist es grau?
Kannst du es riechen? Ist es angenehm oder unangenehm, sich mit dem Chakra zu befassen?
Wie ist das Flair, der Gesamteindruck, den das Chakra bei dir hinterlässt?
Bleibe rund drei Minuten mit dem Chakra in Kontakt.

Beende die Übung, wenn du es willst, wenn sich nichts mehr tut, wenn ein Sättigungsgrad an Informationen erreicht ist. Lasse dir nach der Übung noch etwas Zeit, in der die Informationen und das damit verbundene Erleben nachwirken können.

Bilder, die sich bei der Visualisierung zeigen, müssen nicht sofort verstanden werden. Vor allem nicht intellektuell. Meist tritt erst einmal ein Gefühl auf, vielleicht eine Ablehnung des Chakras, vielleicht eine Traurigkeit, vielleicht ein Schmerz oder auch eine Freude. All das deutet auf einen Inhalt des Chakras hin. Achte auf diese Empfindungen und gehe ihnen nach, denn sie sind ausschlaggebend dafür, dass du den Zustand deines Chakras verstehst.

Während der Übung

Die Wahrnehmung eines Chakras ist von Mensch zu Mensch sehr unterschiedlich. Wie immer sie ausfällt, vertraue ihr.

Es ist deine Art und Weise, es sind deine Bilder und Empfindungen. Lasse dir etwas Zeit, bleibe innerlich wach und auf die Wahrnehmung konzentriert, auch wenn du es nicht sofort verstehst. Es kann sein, dass das entstandene Bild sich nicht mit der Vorstellung von deinem Chakra deckt und du eine Weile brauchst, um dich daran zu gewöhnen.

Die Bandbreite, in der sich das Chakra zeigen kann, reicht von klaren bunten Bildern, über graue Schemen, Gefühle bis hin zu Klängen und Tönen.

Die Deutlichkeit der Bilder hängt vom Zustand des Chakra ab, aber auch von deiner Sensibilität und visuellen Fähigkeit.

Achte bitte darauf, keine Vorstellung von dem Chakra zu projizieren.

Falls dir das Bild und die damit verbundenen Empfindungen zu intensiv werden, lasse die Übung langsam und sanft ausklingen und beginne sie später nochmals, wenn du dich dazu bereit fühlst.

- Während der Übung kannst du Gefühle wahrnehmen, die in einem Chakra gebunden sind. Falls dies geschieht, unterdrücke diese Gefühle bitte nicht, auch wenn sie dir zu intensiv werden. Gib ihnen Raum und lebe sie aus, damit sie das Chakra nicht weiter beeinträchtigen.
- Spürst du eine Blockierung oder ein ungesundes Durcheinander in einem Chakra, dann bleibe dennoch darauf konzentriert und lass das Chakra sich regeln. Greife nicht ein, spüre, wie sich das Chakra langsam verändert. Lasse den neuen Zustand immer selbstverständlicher werden.
- Wenn du mit dem Chakra in Kontakt bleibst, wandelt sich sein Zustand in der Regel immer in Richtung einer Gesundung. Dieser Prozess entsteht durch die Aufmerksamkeit, die du auf das Chakra richtest. Die Selbstheilungsfähigkeit wird angeregt, wenn du es verstehst und innerlich für eine Änderung offen bist.

Mit dieser zweiten Übung hast du schon ein weiteres wunderbares Mittel an der Hand, deine Chakren kennenzulernen und ihren Zustand zu verändern. Die Veränderungen mit Hilfe dieser Übung geschehen durch Bewusstsein und Aufmerksamkeit.

Die mentalen Übungen kannst du vor allem auch dann nutzen, wenn du krank bist oder aus welchen Gründen auch immer keine Körperübungen machen kannst.

Die Chakrenvisualisierung III - das Optimale Chakra

Das Potenzial des Chakras erkennen und entwickeln

Die Übung

Auch hier zeigen wir anhand des Basischakras, wie man die Übung praktiziert. Der Ablauf der Übung gilt für alle anderen Chakren in gleicher Weise.

Setze dich auf einen Stuhl oder bleib stehen, so wie es dir angenehm ist. Achte darauf, deinen Rücken gerade zu halten. Atme zu Beginn der Übung einige Male ruhig und entspannt zum Chakra in der Mitte des Beckenbodens.

Atme immer durch die Nase ein und durch den Mund aus.

Lasse nun in einem Abstand von 1,5 bis 2 Metern vor dir dein Optimales Basischakra entstehen.

Lasse dir dafür die Zeit, die es braucht/die du brauchst.

Wenn sich nicht gleich ein Bild einstellt, hab Geduld und achte auf das Empfinden. Nicht jedem ist es gegeben, gut zu visualisieren. Einige Menschen können besser spüren oder haben eine andere Art der Wahrnehmung. Welcher Teil deiner Wahrnehmung dabei im Vordergrund steht, ist nicht wichtig.

Bleibe mit dem Optimalen Chakra in Kontakt und lasse es immer deutlicher werden.

Wie erlebst du das Chakra?

Ist es groß?

Ist es farbig?

Bewegt es sich?

Dreht es sich?

Nimm alles wahr, was es zu diesem Chakra wahrzunehmen gibt.

Atme ruhig und entspannt weiter, während sich das Optimale Basischakra vor dir entwickelt.

Kannst du es riechen? Ist es angenehm, das Chakra zu erleben?
Wie ist das Flair, der Gesamteindruck, den es bei dir hinterlässt?
Frage dich: Wie würde es sich auf mich auswirken, wenn mein Basischakra dem Optimalen Basischakra entspräche?
Nimm dein Basischakra in dir wahr und lasse es mit dem Optimalen Basischakra in Resonanz gehen.

Beende die Übung, wenn du es willst, wenn sich nichts mehr tut oder wenn ein Sättigungsgrad erreicht ist. Lasse dir nach der Übung noch etwas Zeit, in der die Informationen und das damit verbundene Erleben nachwirken können.

Während der Übung

Die Wahrnehmung eines Chakras ist von Mensch zu Mensch sehr unterschiedlich. Das gilt natürlich auch und gerade für das Optimale Chakra. Wie immer sie ausfällt, vertraue ihr. Es ist deine Art und Weise, es sind deine Bilder und Empfindungen.

Folge nicht den Normen, die du kennst, sondern lasse dir Zeit, bleibe innerlich wach und auf die Aufgabe konzentriert.

Es kann sein, dass das entstandene Bild sich nicht mit der Vorstellung von deinem Chakra deckt und du eine Weile brauchst, um dich daran zu gewöhnen.

Die Bandbreite, in der sich das Chakra zeigen kann, reicht von klaren bunten Bildern, über Schemen, Gefühle bis hin zu Klängen und Tönen. Die Deutlichkeit der Bilder hängt auch von deiner Sensibilität und visuellen Fähigkeit ab.

Achte bitte darauf, keine Vorstellung von dem Chakra zu projizieren.

Mit dieser Übung hast du ein Mittel an der Hand, deinen Chakren einen Impuls zur Selbstheilung zu geben und sie zu orientieren. Gehe immer davon aus, dass du innerlich weißt, was gut ist. Lässt du dich auf die Aufgabe ein, wird es sich mit der Zeit zeigen.

Die mentalen Übungen kannst du vor allem auch dann nutzen, wenn du krank bist oder aus welchen Gründen auch immer keine Körperübungen machen kannst.

Der Chakrenfilm

Mit folgender Mentalübung/Meditation kannst du deine Chakren noch besser verstehen und erkennen, wie wichtig und wirksam ihr Zustand in deinem Leben ist.

Die Übung

Entspanne dich und lasse vor deinem inneren Auge das Bild oder einen Film entstehen, der dir zeigt, wie sich das Basischakra (Sozialchakra, Solar-Plexus-Chakra, …) im täglichen Leben zeigt. Sieh, wie du im normalen Lebenszusammenhang aufgrund der Struktur und der Inhalte des Chakras agierst. Finde heraus, welche Stärken du dadurch hast, welche Schwächen des Chakras dir Schwierigkeiten machen.

Werde dir dessen bewusst.

Erkenne die Vor- und Nachteile der Inhalte und der Struktur dieser speziellen Chakraenergie.

Jeder Mensch ist begrenzt aufnahmefähig. Deswegen beende die Übung dann, wenn du das Gefühl hast, dass »es reicht«.

Lehne dich dann zurück, lasse das Bild oder den Film wirken. Mache dir Gedanken dazu, was das Wahrgenommene bedeutet und nimm innerlich Stellung zum Geschehen.

Wir halten diese Übung, so einfach sie auch sein mag, für ausgesprochen wichtig und bewusstseinsfördernd.

Falls du die Übung einige Tage später mit dem gleichen Chakra nochmals machen solltest – was wir empfehlen – kannst du wahrscheinlich bereits positive Veränderungen feststellen.

Der Grund ist einfach: Wenn ein Mensch erkennt und versteht, was und wie er agiert, ändert er sich zum für ihn besseren Befinden und Verhalten. Das ist ein inneres Gesetz, das für alle Menschen Gültigkeit hat.

Körperübungen zur Heilung der Chakren

In unserer Chakrenarbeit, die eine Hilfe zur Selbsthilfe ist, gibt es zu jedem der sieben Hauptchakren eine Körperübung.

Jede Übung regt die potenzielle Weisheit und den damit verbundenen Heilungsprozess eines Chakras an. Es ist ein ganz wunderbares und innovatives Vorgehen, was du so in keiner anderen Chakrenheilung findest.

Mit den Körperübungen kannst du Störungen innerhalb des Chakras, sei es eine Blockade, die Schwäche eines Chakras oder auch eine Überbetonung, ausgleichen und wenn nötig lösen. Durch die Haltung der jeweiligen Chakraübung werden die Energie und die Themen des Chakras angesprochen. Das Chakra kommt in Bewegung und orientiert sich entsprechend der Haltung neu.

Auf Dauer führen die Übungen zur Transformation der gesamten Chakrenenergie. Dieser Prozess geschieht in der Regel sehr sanft und nachhaltig. Wenn du dich an die Übungsanleitung hältst, kannst du dich mit diesen Übungen nicht überfordern.

Wir raten Menschen, die frisch operiert sind oder aus einem anderen Grund körperliche Anstrengungen meiden sollten, von der Ausübung ab. Menschen mit psychiatrischen Problemen sollten sich nur mit den Übungen der unteren drei Chakren befassen und alle darüberhinausgehenden Übungen mit Begleitung eines erfahrenen Chakrenlehrers machen.

Wir weisen an dieser Stelle noch einmal auf Grundsätze hin:

- Bitte übe mit Liebe und Achtung für dich.
- Es geht bei Chakrenübungen um Sensibilität und Erkenntnis, nicht um Hochleistung.
- Überfordere dich weder körperlich noch emotional.
- Hingabe an die Erfahrung und die Inhalte der Chakren sind das oberste Gebot.
- Mach dir klar, dass du in jedem Moment die Verantwortung für dich und den Prozess des Übens hast und handle entsprechend.

Das Vorgehen beim Üben

Wenn du eine Chakraübung ausführen möchtest, solltest du dir Zeit nehmen. Dies gilt vor allem dann, wenn du mit den Übungen noch nicht vertraut bist und dich noch in die Art der Auseinandersetzung einfühlen musst.

Mache dich in Ruhe mit ihnen vertraut. Nimm dir Zeit für die richtige Ausführung der Übungen, und nimm dir Zeit für ein gutes Maß an Konzentration, das fördert die Wirkung der Übungen.

Sind dir die Haltungen in Fleisch und Blut übergegangen, kannst du auch mal eine Übung einfach so zwischendurch ausführen.

Beginne mit der Übung für das unterste Chakra, fahre fort mit der Übung für das zweite Chakra, das dritte Chakra, etc. und ende mit der Übung für das Kronenchakra. Nimm dir für das Ausführen aller Übungen mindestens 20 Minuten Zeit. Verweile ein bis zwei Minuten in jeder Haltung (dieser Zeitraum ist vollkommen ausreichend) und spüre hinterher nach und lasse die Übung nachwirken.

Empfehlung: Solltest du einmal nicht so viel Zeit haben, kannst du dich auf die Übungen der ersten drei Chakren konzentrieren und das Üben nach dem dritten Chakra beenden.

Mit der Zeit entwickelst du ein Empfinden dafür, welches Chakra du jetzt in diesem Augenblick, zu dieser Zeit und in diesen Lebensbedingungen in Arbeit nehmen solltest. Suche dir dann das Chakra heraus, was derzeit Unterstützung durch eine Übung braucht.

Der Ablauf für alle Körperübungen

Besinne dich auf dich selbst, bevor du mit dem Üben beginnst. Konzentriere dich auf dich, auf deinen Körper und die Atmung. Schalte deine Gedanken so weit wie möglich aus. Bleibe während des Übens auf dich konzentriert, nimm deine körperlichen und emotionalen Reaktionen bewusst wahr.

Und: Atme immer bewusst und gut. Atme durch die Nase ein und durch den Mund wieder aus.

Gönne dir nach jeder einzelnen Chakraübung eine Zeit der Besinnung, in der du die Reaktionen auf die Übung ausklingen lässt. Gehe erst dann zur nächsten Chakraübung weiter, wenn du dich bereit fühlst.

So sorgst du mit Ruhe und Gelassenheit dafür, dass sich körperliche und seelische Veränderungen, die durch die Übung initiiert wurden, festigen können, bevor du das nächste Chakra ansprichst.

Bewusstsein und Atmung während der Übung

Die Atmung spielt eine wichtige Rolle bei diesen Chakraübungen, denn:

Jede Übung besteht aus einer Körperhaltung, der Bewusstwerdung und der dazu gehörigen Atmung.

Präge dir die Art der Atmung bitte gut ein, bevor du mit dem Üben beginnst, denn sie ist ein wichtiger Bestandteil der Wirkung jeder Übung.

In der Übungsanleitung wirst du die Beschreibung finden: »Lasse beim Einatmen den Atem bis zum Basischakra, Sakralchakra, … etc. gehen« oder »Atme während der Übung zum …-Chakra.«

Dies bedarf einer Erläuterung.

Natürlich können wir nicht bis zum Basischakra atmen, denn unser Atem bleibt in den Lungen, und die Ausdehnung der Lungen ist nun einmal begrenzt.

Mit dieser Vorgabe ist eine Form des Einatmens gemeint, bei der die Atembewegung und damit das Bewusstsein bis zu dem entsprechenden Chakra ausgedehnt wird und gleichzeitig mit der Atmung das Bewusstsein/das innere Auge/die innere Aufmerksamkeit bis zum jeweiligen Chakra geleitet wird.

Beim Ausatmen gehen der Atem und die Aufmerksamkeit wieder zurück in die Ausgangsposition.

Mit dieser Atmung sprichst du in der Übung jedes Chakra an, sorgst für die Entspannung des Chakras, für eine Steigerung der Energie und damit für mehr Vitalität.

Es kann sein, dass dir die Konzentration und Atmung anfänglich etwas schwer fallen. Es ist keine Schande, sie erst einmal gesondert zu üben, indem du die Atmung zum Chakra hin ohne Körperübung ausführst. Vielleicht stellst du fest, dass alleine durch die Atmung mehr Leben in das Chakra und seine Umgebung kommt.

Falls dir die Art der Atmung schwerfällt, kannst du sie erst einmal im Liegen probieren, da dann die Muskulatur entspannter ist und das Atmen leichter fällt.

Die Körperübung für das Basischakra

Die Lage des Chakras: Auf dem Beckenboden, zwischen dem Anus und den Genitalien.

Die Themen: Körper, Erdung, sich auf das Leben einlassen, körperlicher Wille zum Sein, Standfestigkeit, Vertrauen, Vitalität.

Themen im gestörten Zustand: Lebensverweigerung, Missachtung von Körper und Materie, geistige Abgehobenheit, Existenzangst, Kraftlosigkeit.

Körperliche Zuordnungen: Becken, Beine, Füße, Kreuzbein, Wirbelsäule, Blut, Knochen, Dickdarm.

Farbe: Rot

Die Übungsanleitung

Stelle bitte deine Füße etwas breiter als körperbreit hin.

Gehe tief in die Knie, bis die Ober- und Unterschenkel bald einen rechten Winkel beschreiben oder so tief, wie es dir möglich ist.

Wichtig: Halte den Rücken gerade. Es kann eine Hilfe sein, das Schambein ein wenig nach vorn zu schieben, so dass kein Hohlkreuz entsteht.

Hebe gleichzeitig die Arme vor dem Körper hoch, bilde Fäuste und halte die Fäuste im Abstand von 20 cm links und rechts vor deine Wangenknochen. Die Unterarme sind parallel zueinander in einem Abstand von ca. 20 cm.

Die Finger zeigen zum Gesicht.

Schaue bitte einen fingerbreit über einen imaginären Horizont.

Verweile in dieser Position und atme tief ein und aus. Bleibe eineinhalb bis zwei Minuten in dieser Haltung.

Atme durch die Nase ein und durch den Mund wieder aus.

Atme während der ganzen Zeit zum Basischakra hin.

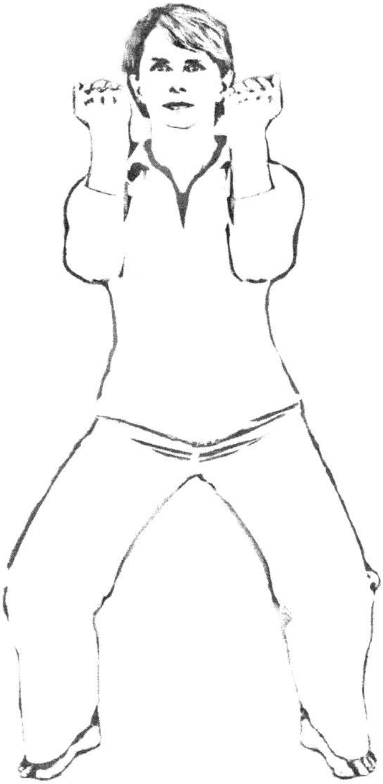

Tief in die Knie gehen,
den Rücken gerade halten.

Über einen imaginären Horizont schauen,
feste Fäuste machen,
Finger zeigen zum Gesicht.

Die Körperübung für das Sakralchakra

Die Lage des Chakras: Eine Handbreit unter dem Nabel.

Die Themen: Soziale Kompetenz, Gemeinschaftssinn, soziale Rolle, Partnerschaft, Beziehungsfähigkeit, Sexualität, sexuelle Ausstrahlung.

Themen im gestörten Zustand: Einsamkeit, soziale Unfähigkeit, Anpassungsschwierigkeiten in Gruppen, Beziehungsunfähigkeit, Partnerschaftsprobleme, Störungen der Sexualität.

Körperliche Zuordnungen: Innere und äußere Geschlechtsorgane, Nieren, Nebennieren, unterer Rücken, Blase, Hormone, Dünndarm.

Die Farbe: Orange

Die Übungsanleitung

Stelle die Füße schulterbreit auseinander.

Gehe leicht in die Knie, halte dabei bitte den Rücken gerade.

Es kann bei dieser Haltung eine Hilfe sein, das Schambein ein wenig nach vorn zu schieben, so dass kein Hohlkreuz entsteht.

Lege nun die Hände über die Ohren auf den Kopf. Die Handballen berühren dabei leicht die Ohren, die Fingerspitzen liegen auf dem Schädeldach, sie üben jedoch keinen Druck aus.

Die Ellbogen befinden sich neben dem Kopf. Der Blick ist einen fingerbreit über den Horizont gerichtet.

Verweile in dieser Position und atme tief ein und aus.

Atme durch die Nase ein und durch den Mund wieder aus.

Lasse den Atem beim Einatmen bis zum Sakralchakra gelangen.

Verweile eineinhalb bis zwei Minuten in dieser Haltung, atme während der ganzen Zeit zum Sakralchakra.

Leicht in die Knie gehen,
den Rücken gerade halten,
über einen imaginären Horizont schauen.
Hände oberhalb der Ohren auf den Kopf legen,
Finger berühren den Scheitel.

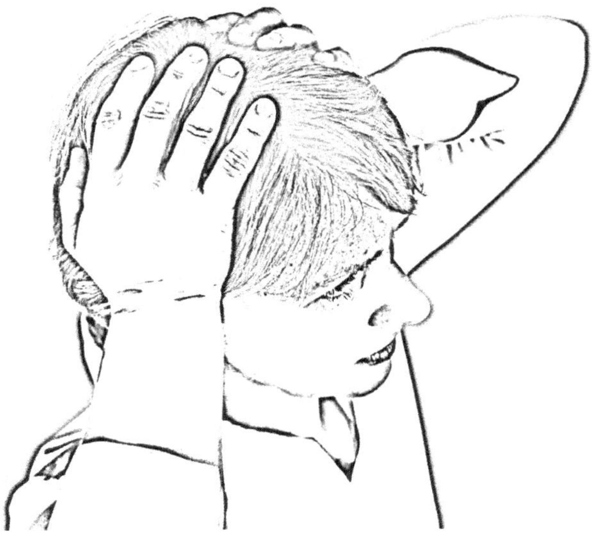

Die Körperübung für das Solar-Plexus-Chakra

Die Lage des Chakras: Eine Handbreit über dem Nabel, oberhalb des Rippenbogens.

Die Themen: Innere Stärke, Durchsetzungsfähigkeit, Selbstbehauptung, Mut, Wille, Ausstrahlung, Lebensgestaltung,

Themen im gestörten Zustand: Ohnmachtsempfinden, Machtbedürfnis, beherrschen wollen, Manipulation, Unfähigkeit, Minderwertigkeitsgefühl.

Körperliche Zuordnungen: Oberbauch, mittlerer Rücken, Leber, Galle, Magen, Bauchspeicheldrüse, Verdauungssäfte, vegetatives Nervensystem.

Die Farbe: Gelb

Die Übungsanleitung

Setze dich bitte auf die Vorderkante eines Stuhls. Stelle die Füße schulterbreit auseinander.

Setze dich so, dass die Füße fest auf dem Boden stehen und der Rücken gerade ist.

Lege nun die Fingerspitzen links und rechts an den Hals, genau auf die seitliche Halsmuskulatur.

Die Finger liegen aneinander.

Übe mit den Fingerspitzen einen leichten Druck auf den Hals aus.

Die Ellbogen zeigen dabei – so weit wie es geht – zur Seite.

Der Blick ist nach vorn gerichtet – wie immer einen fingerbreit über den Horizont.

Verweile eineinhalb bis zwei Minuten in dieser Position, atme tief ein und aus.

Atme durch die Nase ein und durch den Mund wieder aus.

Atme bitte während der gesamten Übung zum Solar-Plexus-Chakra hin.

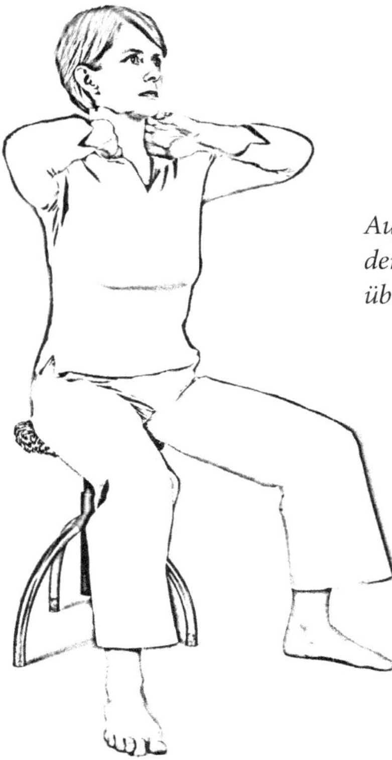

Auf den Rand eines Stuhls setzen,
den Rücken gerade halten,
über einen imaginären Horizont schauen.

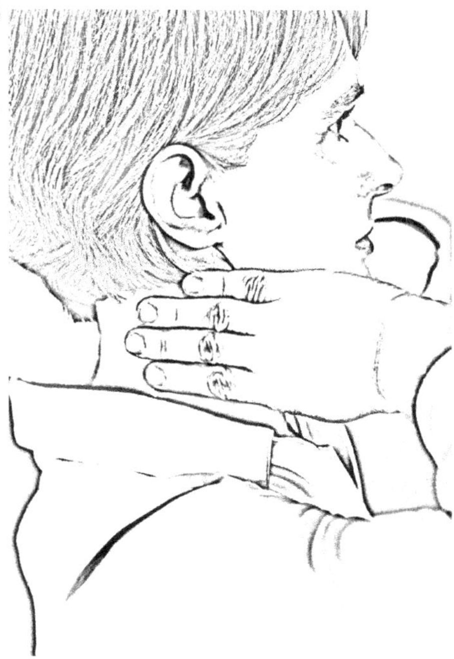

Fingerspitzen an den Hals legen,
die Ellbogen aufspannen.

Die Körperübung für das Herzchakra

Die Lage des Chakras: In der Mitte der Brust, in der Höhe des Herzens.

Die Themen: Herzlichkeit, Mitgefühl, Liebe, emotionale Wärme, innere Weite, Großzügigkeit.

Themen im gestörten Zustand: Gefühllosigkeit, emotionale Kälte, Egozentrik, Traurigkeit.

Körperliche Zuordnungen: Herz, Lunge, Haut, Brustraum, oberer Rücken, Brustwirbelsäule, Immunsystem.

Die Farbe: Grün

Die Übungsanleitung

Stelle dich aufrecht hin und nimm die Füße schulterbreit auseinander.

Gehe leicht in die Knie, halte dabei den Rücken gerade.

Es kann eine Hilfe sein, das Schambein ein wenig nach vorn zu schieben, so dass kein Hohlkreuz entsteht.

Halte die Hände in Höhe des Herzens, ca. 40 bis 50 cm vor deinem Brustbein.

Die Ellbogen sind erhoben, die Arme beschreiben einen Winkel von 130° bis 160°.

Die Hände sind geöffnet, die Finger liegen aneinander, die Handflächen zeigen zum Boden.

Der Blick ist einen fingerbreit über den Horizont gerichtet.

Verweile eineinhalb bis zwei Minuten in dieser Position, atme tief ein und aus.

Atme durch die Nase ein und durch den Mund wieder aus.

Atme bitte während der ganzen Übung zum Herzchakra hin.

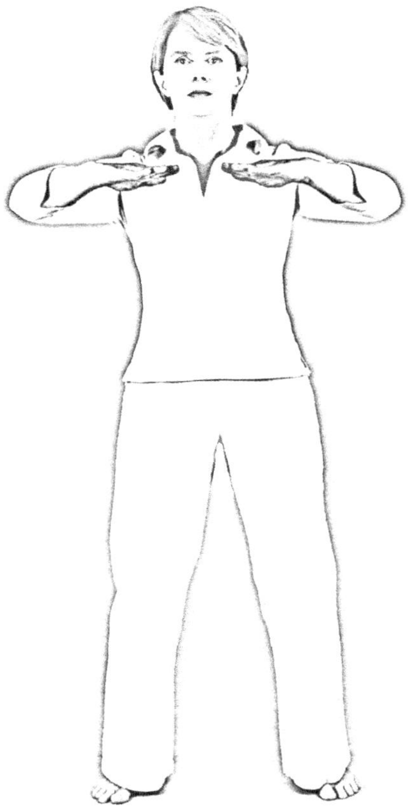

Leicht in die Knie gehen,
den Rücken gerade halten,
über einen imaginären Horizont schauen.

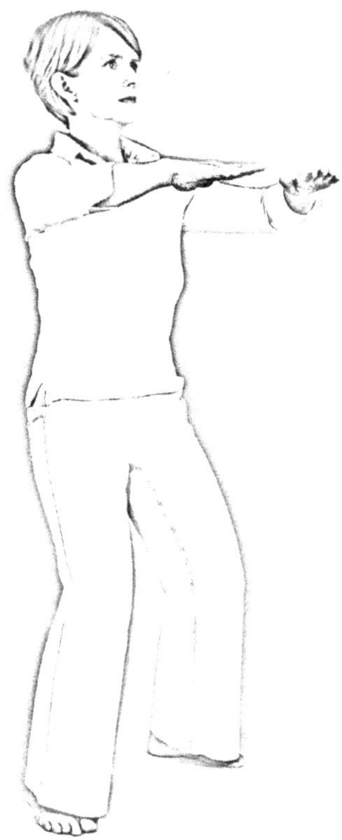

Hände sanft vor das Brustbein halten,
Handflächen zeigen zum Boden.

Die Körperübung für das Halschakra

Die Lage des Chakras: In der Mitte des Halses, auf Höhe des Kehlkopfes.

Die Themen: Kommunikation, Sprache, Selbstausdruck, Individualität, inneres und äußeres Hören, Kreativität.

Themen im gestörten Zustand: Halsstarrigkeit, Eigensinn, fehlender Bezug zu sich selbst und zur inneren Stimme, Meinungslosigkeit.

Körperliche Zuordnungen: Hals, Nacken, Schilddrüse, Stimmapparat, Ohren.

Die Farbe: Hellblau

Die Übungsanleitung

Stelle dich entspannt und gerade hin.

Senke bitte den Kopf und ziehe das Kinn an deinen Kehlkopf heran oder so weit wie es geht in Richtung des Kehlkopfes.

Sieh dabei gerade nach unten, kurz vor deine Fußspitzen. (Achtung: der Bauch oder die Brust könnten im Weg sein. Wenn dies der Fall ist, schau so weit wie möglich senkrecht nach unten.)

Die Arme befinden sich gerade neben dem Körper. Sie liegen nicht an ihm an!

Verweile eineinhalb bis zwei Minuten in dieser Position, atme bitte tief ein und aus.

Atme durch die Nase ein und durch den Mund wieder aus.

Atme während der ganzen Übung zum Halschakra hin.

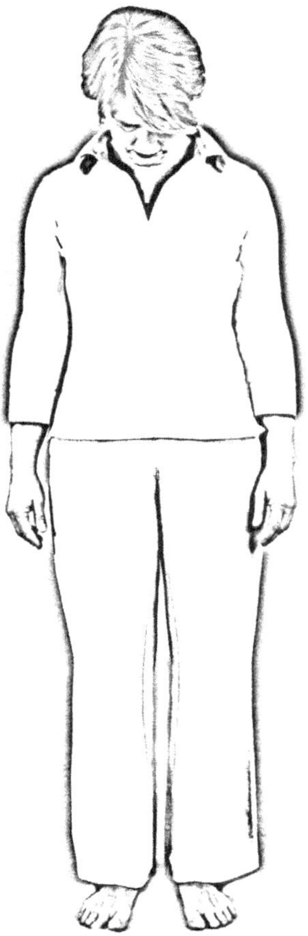

Gerade stehen,
das Kinn an den Hals ziehen.

Mit den Augen – wenn möglich –
vor die Füße schauen.

Die Körperübung für das Stirnchakra

Die Lage des Chakras: In der Mitte der Stirn, kurz über den Augenbrauen, der Punkt des sogenannten »dritten Auges«.

Die Themen: Wahrnehmung, Bewusstsein, Erkenntnis, Selbstbewusstsein, Klarheit des Denkens, Intelligenz, Überblick.

Themen im gestörten Zustand: Dummheit, emotionale Dumpfheit, losgelöstes Denken, Ignoranz, Unfähigkeit zu sehen was ist, Engstirnigkeit.

Körperliche Zuordnungen: Gehirn, Augen, Nase, Nebenhöhlen, Zentrales Nervensystem, Gehirnfunktionen.

Die Farbe: Indigoblau

Die Übungsanleitung

Stelle dich bitte gerade hin. Die Füße stehen parallel in Schulterbreite nebeneinander.

Hebe die Arme gerade über den Kopf. Die Handflächen sind offen und zeigen nach vorn, die Finger liegen mit einer leichten Spannung aneinander.

Beuge dich nun, so weit es dir möglich ist, mit dem ganzen Körper nach vorne. Bleibe dabei absolut gerade, so als seist du ein Brett. Nur die Fußgelenke sind gebeugt. Die Stirn ist der vorderste Punkt des Körpers. Beine, Rücken, Nacken, Kopf und Arme bilden eine Linie.

Gehe so weit nach vorn, wie du dich in dieser Position halten kannst ohne umzufallen.

Schaue einen fingerbreit über einen imaginären Horizont.

Verweile eineinhalb bis zwei Minuten in dieser Position, atme tief ein und aus.

Atme durch die Nase ein und durch den Mund wieder aus.

Atme bitte während der ganzen Übung zum Stirnchakra hin.

Aufrecht stehen,
Arme gerade nach oben heben,
Handflächen zeigen nach vorn.

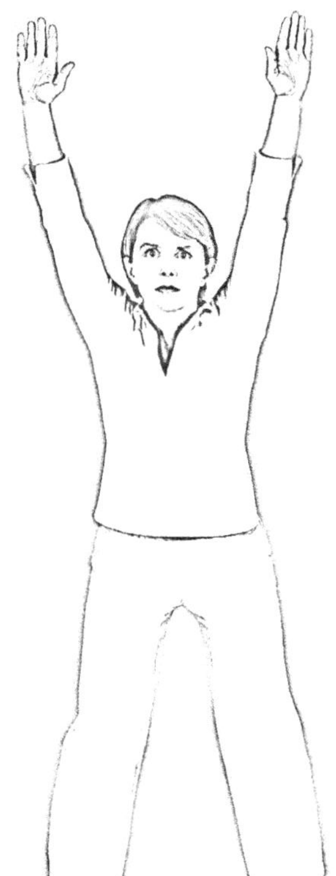

Den ganzen Körper nach vorn neigen,
die Hüfte bleibt gerade,
die Stirn ist weit vorn.

Die Körperübung für das Kronenchakra

Die Lage: In der Mitte des Kopfes, auf dem Scheitel.

Die Themen: Zu Hause sein, eins sein, eingebunden sein, Spiritualität, Harmonie aller Körperfunktionen.

In diesem Chakra gibt es keinen gestörten Zustand, es kann sich nur öffnen oder geschlossen bleiben.

Körperliche Zuordnungen: Hypothalamus, Hypophyse, der ganze Körper.

Die Farbe: violett

Die Übungsanleitung

Stelle dich bitte aufrecht und entspannt hin.

Die Füße stehen parallel und schulterbreit auseinander. Verweile in dieser Position, atme einige Atemzüge tief ein und aus.

Atme durch die Nase ein und durch den Mund wieder aus.

Lasse nun den Atem beim Einatmen bis zum Kronenchakra gehen.

Lasse dann den Atem beim Ausatmen vom Kronenchakra, entlang der Wirbelsäule, bis zum Basischakra gehen.

Mit der nächsten Einatmung bringe den Atem vom Basischakra an der Wirbelsäule entlang wieder zurück zum Kronenchakra.

Führe den Atem mit der nächsten Ausatmung wieder zurück zum Basischakra.

Lasse den Atem, d.h. die Atembewegung und die innere Aufmerksamkeit, entlang der Wirbelsäule zwischen Basis- und Kronenchakra hin- und hergehen.

(Diese Übung bitte nicht mit der Chakren-Energie-Meditation verwechseln.)

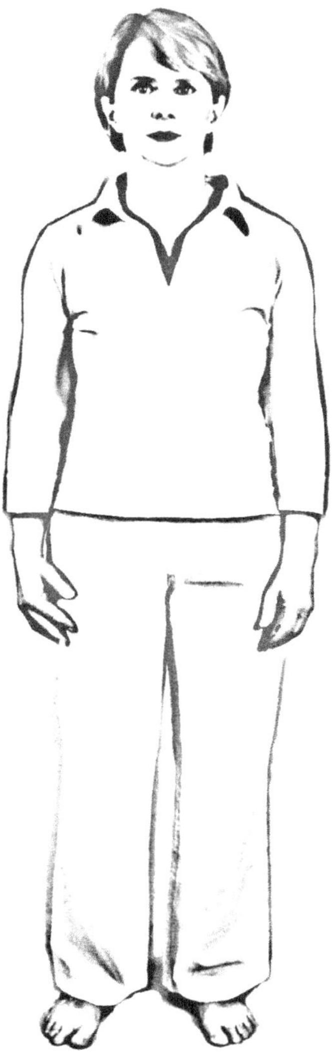

Das Kronenchakra – Lasse den Atem zwischen dem Basischakra und dem Kronenchakra hin- und hergehen.

Tipps für das gutes Gelingen der Chakrenübungen

Je nachdem wie beweglich du bist, aber auch abhängig von Störungen in einzelnen Chakren, kann es zu Problemen kommen, eine Chakrahaltung einzunehmen. Wenn das so sein sollte, trainiere diese Haltung bitte so lange, bis dir die Haltung gelingt. Erst wenn die Übungshaltung ganz eingenommen wird, kann die Übung ihre Wirkung entfalten.

Auch die Atmung kann problematisch sein. Ist es dir nicht möglich, bis zum betreffenden Chakra zu atmen, übe doch die Atmung einfach separat und gehe während des Übens nur mit deinem Bewusstsein zum Chakra. Das hat auch schon eine gute Wirkung.

Durch das Üben werden Disharmonien innerhalb der Chakren angesprochen und aktiviert, damit sie gelöst werden können. Manchmal geschieht die Lösung, ohne dass wir uns in der Übung über die entsprechende Disharmonie bewusst werden. Es können aber auch Empfindungen, Emotionen oder Erinnerungen an lange zurückliegende Geschehnisse aktiviert werden, die in einem Chakra festgehalten sind.

Weiche möglichst nicht vor diesem Geschehen aus, sondern befasse dich bewusst mit ihm. Gebe den Emotionen oder Erinnerungen Raum. Lasse sie geschehen und sich ausleben, damit sie nicht länger dein Chakra beeinträchtigen.

Wird dir innerhalb einer Chakraübung eine hinderliche Lebenshaltung, hinderliche Gedanken oder Ideen bewusst, dann stelle dich ihnen und öffne dich für ein kluges Umdenken und eine Revision.

Nutze die Chakra – Visualisierung als zusätzliche Hilfestellung bei besonders schwer zu lösenden Themen und Problemen. Sie kann dazu dienen, den Prozess sanft und bewusst voranzubringen.

Die Übungen können körperliche Reaktionen nach sich ziehen, Entgiftungsprozesse initiieren oder eine körperliche Umorientierung anregen. Wenn du solche Reaktionen bemerkst, pausiere bitte mit dem Üben (wahrscheinlich sind hierfür einige Tage ausreichend) und fahre fort, wenn sich die Reaktionen gelegt haben. Trinke vor und nach dem Üben oder auch zwischen den Übungen Wasser. So kann dein Körper gelöste Schlackenstoffe einfacher ausscheiden.

Im Zustand unserer Chakren spiegelt sich unsere Persönlichkeit und unsere Lebensgeschichte wieder. Folglich ist ihre Gesundung kein Prozess, den man von heute auf morgen vollständig bewältigen kann. Habe Geduld mit dir. Nimm dir Zeit für die Auseinandersetzung mit den Chakren und mit den Inhalten, die mit ihnen verbunden sind.

Ein wichtiger Faktor, der zum Erfolg des Übens beiträgt, ist Ehrlichkeit. Hier ist eine Ehrlichkeit gemeint, die unangenehme Gefühle und Erkenntnisse erlaubt und nicht versucht, um sie herumzukommen. Mit einer ehrlichen Haltung zu sich selbst können die Übungen ihre konstruktive, regulierende und wohltuende Wirkung ganz entfalten.

Entwickle Gefühl für dich und finde ein gesundes Maß im Üben. Das richtige Maß ist dann erreicht, wenn dein Übungspensum dich sowohl körperlich als auch in der Auseinandersetzung mit dir selbst stärkt, ohne zu überanstrengen oder zu unterfordern.

Wir wünschen dir ein gutes Gelingen mit unseren Körperübungen!

Der Turbo

Die Wirkung und Auseinandersetzung mit den Chakraenergien kann man intensivieren. Das ist dann sinnvoll, wenn man die Chakrenübungen gut kennt und körperlich gut beherrscht. Das ist eine notwendige Voraussetzung, weil man sich in der im Folgenden vorgestellten Übung in einem hohen Maß geistig und körperlich konzentrieren muss.

Die Übung Teil I:

Nimm eine Chakrahaltung ein (auch hier ist es ratsam, mit einem unteren Chakra zu beginnen).

Mach dir bewusst, wie du die Inhalte dieses Chakra im täglichen Leben lebst.

Du kannst es in Bildern, mit Gefühlen, mit gedanklicher Erkenntnis oder einer Mischung aus den unterschiedlichen Wahrnehmungsmöglichkeiten realisieren.

Bleibe möglichst so lange in der Haltung, bis die Inhalte des Täglichen klar im Bewusstsein sind. Dann mache eine Pause, um die Erkenntnisse nachwirken zu lassen, und dir darüber klar zu werden, was das Erfahrene im Lebenskontext bedeutet. Bleibe so lange dabei, bis du das Erfahrene nicht nur gedanklich sondern auch emotional erfasst hast.

Der erste Teil der Übung ist eine Bestandsaufnahme und eine emotional – inhaltliche Auseinandersetzung.

Die Übung Teil II

Der zweite Teil der Übung ist die Vision eines guten und im weitesten Sinne des Wortes gesunden Zustandes des Chakras.

Die Erfahrung ist, dass man zielgerichtet und in der Lage sein muss, sich stark zu konzentrieren, um eine Vision (in Form eines Gefühls oder eines Bildes) zu erreichen. Einige schaffen es vielleicht nicht beim ersten Mal. Sie müssen sich mehrmals vornehmen, ein konstruktives Bild, ein visionäres Erleben und Verhalten oder auch ein optimales Energiefeld des Chakras zu visualisieren.

Der Sinn ist, eine positive innere Orientierung zu entwickeln und als Ziel zu festigen. Denn die Energie folgt dem Gedanken, die Ausführung folgt der Energie, die Realität entsteht aus der Ausführung.

Empfehlung: Diese zweiteilige Übung immer dann machen, wenn man Lust darauf hat. Du kannst auch das Chakra nehmen, mit dem man die nachhaltigsten Probleme hat und dann mit Hilfe der Übung das Chakra wieder Schritt für Schritt »normalisieren«. Verlass dich drauf, dass du spürst, wie viel und wie lange du üben solltest.

Man kann es auch übertreiben und sich überfordern. Das korrespondiert mit Sicherheit mit dem Inhalt eines Chakras. Auch das kannst du ändern.

Der Kern jedes Ziels und jeder Übung ist erlebte und gelebte Freiheit.

Du wirst es spüren, wenn du es erreicht hast, weil alles fließt.

Es ist ein wunderbares Erleben, voll da zu sein.

Chakrenmassage

Integration und Koordination der Chakrenenergie

Chakren geraten mit ihren Energien durcheinander und sollten deswegen von Zeit zu Zeit koordiniert werden.

Es ist einfach zu handhaben.

Einfach versuchen und sich mit ein wenig Sensibilität »an die Arbeit« machen.

Wenn man mit den Chakren gearbeitet hat, kann man davon ausgehen, dass nicht nur ein einzelnes Chakra anders pulsiert und fließt, sondern auch die Beziehungen der Chakren zueinander in Stärke und Harmonie anders geordnet sind. Um die veränderten Energien zu koordinieren, zeigen wir dir zwei spezielle Vorgehensweisen.

Die Chakren-Koordinationsmassage

Du brauchst dafür einen Partner oder eine Partnerin, der/die die Übung ausführt.

Diese neue Ordnung zwischen den Chakren kann durch einen sehr einfachen Griff aus der Energiemassage unterstützt und dauerhaft gefestigt werden.

Dabei spielt es keine Rolle, wie viele Chakren man in einer Sitzung in Arbeit genommen hat. Zum Abschluss einer Sitzung die »Rückenschaukel« zu bekommen, tut jedem gut. Sie ist eine Empfehlung und kein Muss.

Die Übung ist sehr gut geeignet für Gruppen, in denen mit Chakrenhaltungen gearbeitet wird.

Die Partnerübung heißt Rückenschaukel und verhilft zu einer sanften und nachhaltigen Koordination und Integration der Energie.

Abkürzungen:
E = Massageempfänger
G = Gebender

<table>
<tr><th colspan="2">Chakrenkoordination - die Rückenschaukel</th></tr>
<tr><th>Massageanleitung</th><th>Hinweise</th></tr>
<tr><td>1. Der Massageempfänger befindet sich in Bauchlage. Die Arme liegen am Körper.</td><td>Der Massagegebende befindet sich an seiner linken Seite und führt die Bewegung mit der rechten Hand aus.</td></tr>
<tr><td>2. Die rechte Hand des Massagegebenden (G) liegt sanft auf dem Kreuz, an der Stelle, wo Wirbelsäule und Becken zusammenkommen.</td><td>Die Massage kann sanft bis kräftig ausgeführt werden. Die Art ist abhängig vom körperlichen Widerstand, den der Massagegebende (G) unter seiner Hand verspürt.</td></tr>
<tr><td>3. Langsam und sanft bewegt der G die Hand zuerst von sich weg und dann wieder zu sich hin. Der E beginnt, mit der Bewegung mitzuschwingen, ohne selbst etwas zu tun.</td><td>Tipps:
Starker Widerstand = Sanfte Hin- und Herbewegung
Geringer Widerstand = stärkere und doch sensible Hin- und Herbewegung
Kaum oder kein Wiederstand = starke und doch sensible Hin- und Herbewegung</td></tr>
<tr><td colspan="2">4. Die Schaukel dauert so lange, bis die Bewegung für den Gebenden spürbar ihren Sättigungsgrad erreicht hat oder der Empfänger signalisiert, dass es für ihn »gut« ist.
Nach der Massage sollte der Empfänger ruhen, es nachklingen und sich setzen lassen.</td></tr>
</table>

Die Übung wird es dem Massageempfänger sehr wahrscheinlich leichter machen, die angestoßenen und initiierten Veränderungen anzunehmen. Nach dieser integrierenden Maßnahme kann man sich durchaus wie ein neuer Mensch fühlen.

Woher kommen die Chakren?

Sind sie Natur, oder wie sind sie entstanden?

Nach vielen Jahren der Chakrenarbeit können wir sagen: Die Chakren bieten einen ausgezeichneten Ansatz zur Selbsthilfe bei körperlichen und psychischen Themen, sie sind eine wunderbare Gesundheitsprophylaxe und geben wichtige Impulse in der Persönlichkeitsentwicklung.

Nichtsdestotrotz stellt sich die Frage nach dem Ursprung der Chakren. Sind sie tatsächlich ein im Körper angelegter Teil der menschlichen Existenz? Kann man das so sehen und sagen? Hier ist unser Standpunkt dazu.

Chakren existieren, weil die Kraft des Glaubens an ihre Existenz ihnen zu ihrer Existenz verhilft. Sie sind Kinder, sie sind Produkte unseres kollektiven Glaubens.

Chakren gibt es rund um den Erdball in allen Kulturen. Der Begriff kommt wohl aus dem Sanskrit, er ist jedoch mittlerweile auch im Westen gängig und in anderer Form schon lange bekannt.

Symbole, die in unserem näheren Kulturkreis auf Chakren hinweisen, gibt es zur Genüge. Der Caduceusstab, die sich kreuzenden Schlangen, das Herz Jesu, das Hara und natürlich die Symbole der Alchemie. Durch diese Symbole, die Erzählungen darüber und ihre Auslegungen werden die Informationen über die Chakren weitergegeben, variiert und immer weiter manifestiert. Auch wir arbeiten in unserer Methode mit einem – im Menschen angenommenen – Energieverlauf, angefangen in den Füßen bis über den Kopf, der sich an jedem Chakra kreuzend durch den Körper schlängelt. Ein wohlbekanntes Bild, das in der westlichen Kultur durch den Äskulapstab, der auch in der Medizin als Symbol dient, repräsentiert wird.

Es stellt sich die Frage: Würden wir nicht besser, einfacher, unkomplizierter leben können, wenn wir keine Chakren (geschaffen) hätten und sie nicht in unserer Kultur weitergeben und pflegen würden?

Wir sagen »jein« und meinen aus Erfahrung darauf bestehen zu können, dass Chakren sinnvoll und praktisch sind. Wer sie zu nutzen versteht, hat ein einzigartiges Werkzeug und einen Schlüssel zur Lebensenergie, der das Leben leichter machen kann – jedenfalls zunächst einmal.

Unsere Überzeugung ist: Menschen haben Chakren geschaffen, um sich selbst besser zu begreifen und zu helfen. Chakren sind Werkzeuge, sie sind ein funktionierendes System, denn es entspricht den körperlich/psychischen/geistigen Begebenheiten und Themen des Menschen. Doch ein System, so hilfreich es auch sein mag, ist immer eine Begrenzung, ein Gerüst und nie die Wirklichkeit.

Weil die Kraft des kollektiven und Jahrtausende alten Glaubens den Chakren zu ihrer Existenz verholfen hat und sie somit ein Kulturprodukt und nicht ein Naturprodukt sind, gehen wir davon aus, dass die durch den Glauben geschaffene Realität der Chakren überwunden werden muss, damit der Mensch sich selbst ganz erfahren kann.

Denn es ist ein Irrglaube, dass Menschen die Summe und das Sein der Chakren sind. Der Mensch als solcher ist im ganzen Chakrensystem nirgends angesiedelt. Er ist der Produzent der Chakren, er glaubt an ihre Existenz, »denkt« und erlebt die Chakren.

Ein leicht zugänglicher Hinweis auf die Richtigkeit dieser Aussage ist, dass je nach Glaubensrichtung und Kulturzugehörigkeit zwar die Existenz der Chakren nicht angezweifelt wird, jedoch die Lage und die Anzahl der Chakren variiert. Von standardmäßigen sieben Chakren, die entlang der Körpermitte angesiedelt sind, bis hin zu mehreren hundert Chakren, die auch neben der Körpermitte und außerhalb des Körpers zu finden sind, reicht das Spektrum.

Es ist die Kraft des kollektiven Glaubens, der Tradition und der (persönlichen wie kollektiven) Gedanken, die das möglich machen.

Was soll denn »das Ding« mit den Chakren?

Wir gehen davon aus, dass der Mensch die Chakren nutzt, um sich selbst (besser) zu erkennen, um sich seiner selbst bewusst zu werden, zu sein und zu bleiben. Uns ist nicht bekannt, ob der Mensch sich seiner selbst nicht bewusst werden könnte, wenn er die Chakren nicht geschaffen hätte. Die Frage, was denn »das Ding« mit den Chakren eigentlich und wirklich soll, ist schwer zu beantworten, da wir in einer Kultur leben, die ihre Existenz schon seit Jahrtausenden annimmt, pflegt und weitergibt.

Chakren gibt es, weil sie als existent vermittelt und kollektiv und individuell genutzt werden, um sich zu verstehen und seine Themen und Inhalte in die Hand zu bekommen. Durch sie und in ihnen sind alle Informationen und Energien thematisch zusammengefasst, von denen man meint, sie machen den Menschen aus. Um bewusst zu werden, muss der Mensch durch alle diese Informationen und Energien zu sich selbst »hindurchgehen«. Das Hindurchgehen geschieht, einfach gesagt, durch die Bewusstwerdung und Verarbeitung der Inhalte der Chakren.

Doch es gibt mit Sicherheit auch jene, die den langen Weg nicht gehen möchten. Denen der Weg zu sich selbst zu lang, zu unsicher und zu beschwerlich ist oder die schlicht etwas anderes vorhaben. Ihnen bietet die Chakrenarbeit eine echte Chance zur konkreten Verbesserung der persönlichen Lebensqualität. Jeder kann mit Hilfe der Chakrenarbeit seine körperliche Vitalität und Gesundheit fördern und stabilisieren. Jeder kann mit ihr sein Gefühlsleben harmonisieren und sein Geistesleben ausbauen.

Die Chakren bieten die Möglichkeit in einer einmaligen Weise, denn mit ihnen ist ein tolles Instrument, ein effektives System geschaffen worden.

Wir gehen davon aus, dass die Chakren nicht zur Natur des Menschen gehören, sondern Schöpfungen eines langen Werdungsprozesses sind. Genauso wie wir die natürliche Möglichkeit, sprechen zu können, genutzt haben, um Sprache auszubilden, haben wir die natürliche Anlage, Chakren zu bilden, genutzt, um eben diese zu schaffen. Chakren sind Kulturprodukte.

Durch das Instrument »Chakren«, in dem unser menschliches Dasein benannt und unsere Natur definiert zu sein scheint, haben wir die Möglichkeit, uns mit uns selbst auseinanderzusetzen und ganz zu uns zurückzukommen. Vielleicht haben die ersten Menschen, die die Chakren »erglaubten« oder »fanden«, dies im Sinn gehabt.

Wie sie auch entstanden sein mögen, es ist interessant, im Grunde aber nicht wichtig.

Was man mit ihnen machen kann, wofür oder wogegen man sie nutzen kann, das ist wichtig.

Wenn wir zu den einzelnen Chakren oder zu Chakren an sich Aussagen treffen, tun wir das auf dem Hintergrund und in dem Wissen, dass diese Aussagen einem kollektiven Wissen und einer kollektiven Vereinbarung entspringen.

Uns ist auch klar, dass wir mit diesem Buch zur Festschreibung der Chakren beitragen, indem wir die Chakren, ihre Theorie und die von Wilfried Teschler entwickelten und beschriebenen Techniken aufzeigen und auch so tun, als ob sie gegebene Natur seien, und die Techniken mit der Empfehlung weitergeben, sich daran zu orientieren.

Wir tun es gerne, denn die Chakrenarbeit ist ein ausgesprochen guter, menschenmöglicher und gangbarer Weg, zu mehr Gesundheit und Wohlbefinden zu kommen und, wenn man das möchte, die Chakren und die in ihnen enthaltenen Inhalten zu überwinden.

Das ist doch wunderbar. Eben – es ist ein gutes System!

Und: Man braucht wirklich nicht viel über die Chakren zu wissen, um mit den hier vorgestellten Techniken erfolgreich arbeiten zu können.

Die Autoren

Wir sind mit Leib und Seele Körpertherapeuten und haben uns der Aufgabe verschrieben, Menschen die Mittel an die Hand zu geben, die sie für eine effektive Selbsthilfe bei gesundheitlichen und psychischen Lebensthemen und für eine nachhaltige Persönlichkeitsentwicklung brauchen.

Unser seit Anfang 2000 laufendes Vorhaben, das sicherlich noch Jahre in Anspruch nehmen wird, ist, den Gedanken der Inkarnation/Reinkarnation aus dem gesellschaftlichen Tabubereich herauszuführen. Das Ziel ist, die Thematik ohne geistige oder religiöse Dogmen über Vorträge, Bücher, Seminare und Ausbildungen bekannter zu machen und ihr so zu einer breiteren Akzeptanz zu verhelfen.

Und nun: Gelobt sei, was den Menschen bildet, was den Menschen fördert, was den Blick, das Leben, die Lebensqualität erweitert. Gelobt sei, was stark und unabhängig, was gebildet, klug, wissend und fähig macht.

Frauke Teschler
Ich bin 1958 in Hamburg geboren, Pädagogin und Heilpraktikerin. Seit 1990 arbeite ich als Seminarleiterin und begleite Menschen bei der Lösung ihrer Lebensfragen. Ich liebe diese Arbeit und freue mich über jedes Problem, jede Schwere, jede Unbewusstheit, die überwunden ist.

Wilfried Teschler
Ich bin 1949 im Rheinland geboren und lebe mit meiner Frau in Krefeld. Ich habe 1982 mein erstes Buch veröffentlicht. Seit Jahren bin ich als Ausbilder, Künstler, Coach und Autor tätig.

Neben meiner Buch- und Videoproduktion geht es natürlich weiter mit unserer umfangreichen Seminar- und Ausbildungstätigkeit.

Kontaktaufnahme

Frauke und Wilfried Teschler
Petersstraße 88
47798 Krefeld
02151/3506782
02151/9490009
Mail: info@teschler.info

Internet

Unsere Reinkarnationstherapie:
https://reinkarnationstherapie-online.de

Der Blog und viele Informationen zur Transformatorischen Astrologie
http://astrologieschule-krefeld.de/

Bücher, Texte, Videos zur Transformatorischen Astrologie und Reinkarnationstherapie
https://teschler-verlag.de/

Videos

Unser Youtubekanal:
https://youtube.com/user/Teschler1

Bücher und Texte

Reinkarnationstherapie

Der ewige Mensch – Reinkarnation aus neuer Sicht
Frauke und Wilfried Teschler

Ein Buch voller Geschichten rund um die Frage der Reinkarnation, der Wiedergeburt und ihrer Bedeutung für unser heutiges Leben. Der Leser lernt anhand von Beispielen aus der Reinkarnationstherapie, verschiedene Arten von Inkarnationen kennen und die Auswirkungen für das jetzige Leben nachzuvollziehen.

ISBN: 978-3-939578-54-3
Taschenbuch 16,99€ • E-Book: 6,99€

Sieben gute Gründe, sich mit Reinkarnation zu befassen
Frauke Teschler

Der Gedanke der Reinkarnation fasziniert Menschen seit Jahrtausenden. Auch in unserer Gesellschaft nimmt das Interesse an ihm mehr und mehr zu, doch welche Fragen/Themen können in der Auseinandersetzung mit vergangenen Leben beantwortet werden und welche nicht?

E-Book: 5,80€

Und ein Buch zu einem besonderen, der Reinkarnationstherapie assoziierten Thema:

Epigenetik trifft jeden – geerbte Probleme lösen
Frauke Teschler

Die gute Nachricht der Epigenetik ist: Wir können unser Erbgut ändern, wir sind einer erblichen Belastung nicht ausgeliefert. Das ist eine wunderbare Errungenschaft, die die Autoren anhand der Auseinandersetzung mit epigenetischen Inkarnationen erstmalig vorstellen.

E-Book: 5,80€

Astrologie

Astroenergie – Einführung in die Transformatorische Astrologie
Wilfried Teschler

Jedes Geburtshoroskop ist ein Spiegel der grundsätzlichen Themen eines Menschen. Schaut man in diesen Spiegel, kann man dessen Informationen unmittelbar in Erfahrung bringen. Man bekommt die Möglichkeit, sich besser zu verstehen, Konfliktfelder zu erkennen und sie zu transformieren.

ISBN: 978-3-939578-55-0
Taschenbuch: 7,80€ • E-Book: 4,80€

Astrologie und Corona – Wie Sie Astrologie nutzen können, um eine Ausnahmesituation zum Erfolg zu machen
Wilfried Teschler

Jede noch so komplizierte neue Situation hat Möglichkeiten, die es vorher nicht gab. Auch »Corona«!

Doch wie erkennt man Sie und trotzt den »miesen Stimmungen« und Untergangsszenarien? Wie erspürt man die Gelegenheiten, die in ihr stecken und findet den richtigen, den eigenen Weg, um als Sieger hervorzugehen.

ISBN: 978-3-939578-59-8

Taschenbuch: 8,00€ • E-Book: 5,80€

Meridiantherapie

Meridiansysteme – Der kreative Umgang mit den Meridianen
Wilfried Teschler

Lerne einen vollkommen neue Zugang zur Meridianenergie kennen! Mit Hilfe heilender Bewegungen wird die Meridianenergie angeregt und reguliert. Das ist Selbsthife und Gesundheitsprophylaxe der allerbesten Art.

ISBN: 978-3-939578-53-7

Taschenbuch 14,80€

Metameridiane: Bewegungsmeditationen –
Kosmische Energien körperlich erfahren
Wilfried Teschler

Mit den Bewegungen und Haltungen der Metameridiane bekommt man den Zugang zu den hohen Energieformen des menschlichen Meridiansystems, direkt, problemlos und erlebbar. Erlerne eine vollkommen neue Art der Bewegungsmeditation!

ISBN: 978-3-939578-52-9

Taschenbuch: 11,80€ • E-Book: 6,99€

Die Chakrenübungen im Überblick

Basischakra

Sakralchakra

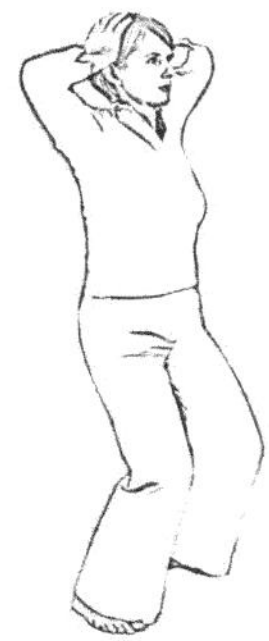

Solar-Plexus-Chakra

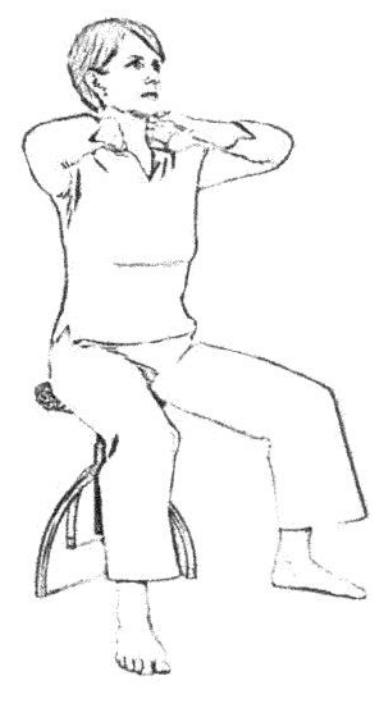

Herzchakra

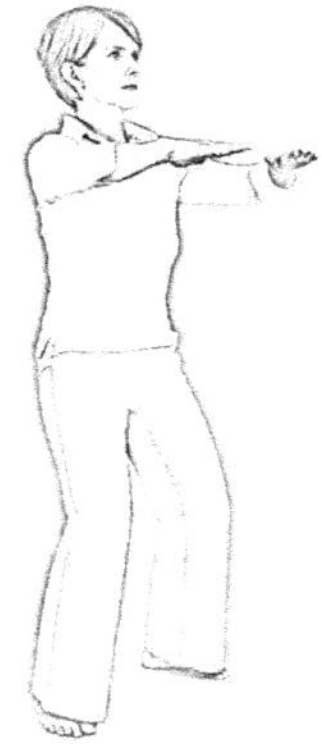

Halschakra

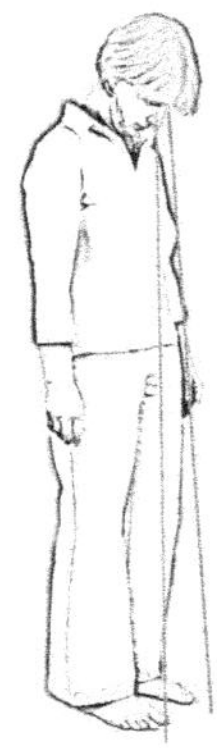

Stirnchakra

Kronenchakra

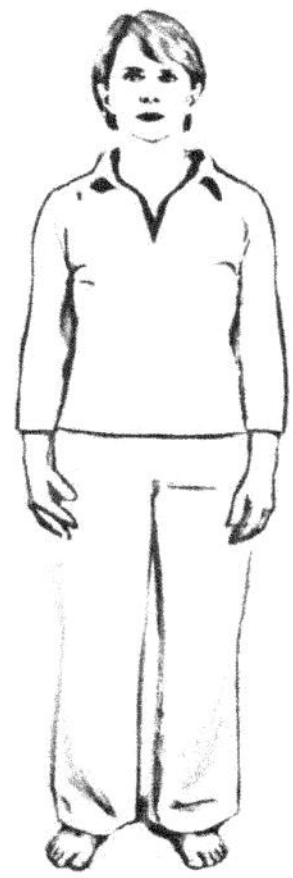

Der ewige Mensch – Reinkarnation aus neuer Sicht
Frauke und Wilfried Teschler

Ein Buch voller Geschichten rund um die Frage der Reinkarnation, der Wiedergeburt und ihrer Bedeutung für unser heutiges Leben. Der Leser lernt anhand von Beispielen aus der Reinkarnationstherapie, verschiedene Arten von Inkarnationen kennen und die Auswirkungen für das jetzige Leben nachzuvollziehen.

ISBN: 978-3-939578-54-3
Taschenbuch 16,99€ • E-Book: 6,99€